a cultura do
NOVO CAPITALISMO

RICHARD SENNETT

a cultura do
NOVO CAPITALISMO

Tradução de
CLÓVIS MARQUES

8ª edição

EDITORA RECORD
RIO DE JANEIRO • SÃO PAULO
2025

CIP-Brasil. Catalogação-na-fonte
Sindicato Nacional dos Editores de Livros, RJ.

S481c Sennett, Richard, 1943-
8ª ed.   A cultura do novo capitalismo / Richard Sennett; tradução
       Clóvis Marques. – 8ª ed. – Rio de Janeiro: Record, 2025.

Tradução de: The culture of the new capitalism
ISBN 978-85-01-07430-0

1. Sociologia industrial. 2. Capitalismo – Aspectos sociais.
3. Organização industrial. 4. Burocracia. 5. História econômica.
I. Título.

CDD – 306.36
05-3929   CDU – 316.74:338.45

Título original em inglês:
THE CULTURE OF THE NEW CAPITALISM

Copyright © 2006, Richard Sennett

Todos os direitos reservados. Proibida a reprodução, armazenamento
ou transmissão de partes deste livro através de quaisquer meios,
sem prévia autorização por escrito. Proibida a venda desta
edição em Portugal e resto da Europa.

Direitos exclusivos de publicação em língua portuguesa para o Brasil
adquiridos pela
EDITORA RECORD LTDA.
Rua Argentina 171 – Rio de Janeiro, RJ – 20921-380 – Tel.: 2585-2000
que se reserva a propriedade literária desta tradução

Impresso no Brasil

ISBN 978-85-01-07430-0

Seja um leitor preferencial Record.
Cadastre-se e receba informações sobre nossos
lançamentos e nossas promoções.

EDITORA AFILIADA

Atendimento e venda direta ao leitor:
sac@record.com.br

Este livro é resultado das
Conferências Castle, ciclo de palestras realizadas
por Richard Sennett em 2004
na Universidade de Yale, sobre
Ética, Política e Economia.

As Conferências Castle são patrocinadas por John K. Castle. Elas homenageiam um antepassado de Castle, o reverendo James Pierpoint, um dos fundadores de Yale. Realizadas por figuras públicas de reputação estabelecida, as Conferências Castle têm por objetivo promover a reflexão sobre as bases morais da sociedade e do governo e ampliar o entendimento das questões éticas que cercam o indivíduo em nossa complexa sociedade moderna.

Sumário

Prefácio   9

Introdução   11

CAPÍTULO UM   Burocracia   23

CAPÍTULO DOIS   O talento e o fantasma da inutilidade   81

CAPÍTULO TRÊS   A política do consumo   123

CAPÍTULO QUATRO   O capitalismo social em nossa época   165

Índice   181

Prefácio

Alguns anos atrás, a Universidade de Yale pediu-me que reunisse e editasse as pesquisas e textos sobre trabalho e mão-de-obra a que me havia dedicado ao longo dos anos. Para eles, a coisa parecia simples: apresentar uma visão de conjunto, em três Conferências Castle em Yale. Mas eu devia saber que não seria só isso: a tarefa revelou-se nada simples, abarcando muito mais que as questões do trabalho.

Gostaria de agradecer a John Kulka, da Yale University Press, e especialmente a Monika Krause, minha assistente de pesquisa, por me ajudar a me mostrar à altura.

Introdução

Meio século atrás, na década de 1960 — essa época lendária de liberdade sexual e livre acesso às drogas —, jovens radicais imbuídos de seriedade tomavam como alvo as instituições, especialmente as grandes corporações e os governos inflados, que por seu tamanho, sua complexidade e sua rigidez pareciam prender os indivíduos numa tenaz de ferro. Documento fundador da Nova Esquerda em 1962, a Declaração de Port Huron mostrava-se igualmente dura com o socialismo de Estado e as corporações multinacionais; ambos os regimes pareciam prisões burocráticas. A história até certo ponto deu razão aos responsáveis pela Declaração de Port Huron. O reinado socialista dos planos qüinqüenais e do controle econômico centralizado acabou-se. E também se foi a corporação capitalista que proporcionava empregos vitalícios aos empregados, fornecendo os mesmos produtos e serviços ano após ano. Da mesma forma, instituições previdenciárias como os serviços de saúde e educação adquiriram formas menos rígidas e encolheram em tamanho. Tal como os radicais cinqüenta anos atrás, os governantes hoje têm como meta descartar a rigidez burocrática.

Mas a história deu razão à Nova Esquerda de uma forma perversa. Os insurgentes da minha juventude acreditavam que, desmontando as instituições, seriam capazes de gerar comunidades: relações pessoais diretas de confiança e solidariedade, relações constantemente negociadas e renovadas, um reino comunitário no qual as pessoas haveriam de tornar-se sensíveis às necessidades umas das outras. Não foi, certamente, o que aconteceu. A fragmentação das grandes instituições deixou em estado fragmentário as vidas de muitos indivíduos: os lugares onde trabalham mais se parecem com estações ferroviárias do que com aldeias, a vida familiar se viu desorientada pelas exigências do trabalho; a migração tornou-se o verdadeiro ícone da era global, e a palavra de ordem é antes seguir em frente que estabelecer-se. O desmantelamento das instituições não gerou maior senso comunitário.

Para os espíritos nostálgicos — e não são assim todas as almas sensíveis? —, esse estado de coisas pode ser considerado mais um motivo de pesar. E, no entanto, o último meio século tem dado lugar a um inédito grau de criação de riqueza, tanto no Norte global quanto na Ásia e na América Latina, uma geração de nova riqueza profundamente vinculada ao desmantelamento de burocracias governamentais e corporativas fixas. Da mesma forma, a revolução tecnológica da última geração tem florescido sobretudo nas instituições menos presas a formas centralizadas de controle. Esse crescimento certamente tem um preço alto: desigualdades econômicas cada vez maiores e instabilidade social. Ainda assim, seria irracional considerar que essa explosão econômica nunca deveria ter acontecido.

É aqui que a cultura entra em cena. E falo de "cultura" em sentido antes antropológico que artístico. Quais os valores e práticas capazes de manter as pessoas unidas no momento em que as instituições em que vivem se fragmentam? Minha geração demonstrou falta de imaginação ao tentar responder a esta pergunta, preconizando as virtudes da comunidade de pequeno tamanho. A comunidade não é a única maneira de manter coesa uma cultura; parece evidente, por exemplo, que os estranhos de uma mesma cidade convivem numa mesma cultura, ainda que não se conheçam pessoalmente. Mas o problema de uma cultura que realmente nos sirva de base não se limita a uma questão de tamanho.

Só um certo tipo de ser humano é capaz de prosperar em condições sociais instáveis e fragmentárias. Este homem ou mulher ideal tem de enfrentar três desafios.

O primeiro diz respeito ao tempo: como cuidar de relações de curto prazo, e de si mesmo, e ao mesmo tempo estar sempre migrando de uma tarefa para outra, de um emprego para outro, de um lugar para outro. Quando as instituições já não proporcionam um contexto de longo prazo, o indivíduo pode ser obrigado a improvisar a narrativa de sua própria vida, e mesmo a se virar sem um sentimento constante de si mesmo.

O segundo desafio diz respeito ao talento: como desenvolver novas capacitações, como descobrir capacidades potenciais, à medida que vão mudando as exigências da realidade. Em termos práticos, na economia moderna, a vida útil de muitas capacitações é curta; na tecnologia e nas ciências, assim como em formas mais avançadas de manufatura, os trabalhadores precisam atualmente se reciclar a cada período de oito ou doze anos. O talento também é uma questão de cultura. A ordem social que vem surgindo milita contra o ideal do artesanato, de aprender a fazer bem apenas uma coisa, compromisso que freqüentemente pode revelar-se economicamente destrutivo. No lugar do artesanato, a cultura moderna propõe um conceito de meritocracia que antes abre espaço para as habilidades potenciais do que para as realizações passadas.

Disto decorre o terceiro desafio, que vem a ser uma questão de abrir mão, permitir que o passado fique para trás. A responsável por uma empresa dinâmica declarou recentemente que ninguém tem o emprego garantido em sua organização e, particularmente, que os serviços prestados não significam garantia de perenidade para nenhum empregado. Como reagir a semelhante afirmativa de maneira positiva? Para isso, é necessário um traço de caráter específico, uma personalidade disposta a descartar-se das experiências já vivenciadas. É uma personalidade que mais se assemelha à do consumidor sempre ávido de novidades, descartando bens antigos, embora ainda perfeitamente capazes de ser úteis, que à do proprietário muito zeloso daquilo que já possui.

O que quero deixar claro é como uma sociedade sai em busca deste homem ou mulher ideal. E, ao avaliar esta busca, não me confinarei aos métodos acadêmicos. Uma individualidade voltada para o curto prazo, preocupada com as habilidades potenciais e disposta a abrir mão das experiências passadas só pode ser encontrada — para colocar as coisas em termos simpáticos — em seres humanos nada comuns. A maioria das pessoas não é assim, precisando de uma narrativa contínua em suas vidas, orgulhando-se de sua capacitação em algo específico e valorizando as experiências por que passou. Desse modo, o ideal cultural necessário nas novas instituições faz mal a muitos dos que nelas vivem.

...

Preciso relatar ao leitor algo sobre a experiência de pesquisa que me leva a esta avaliação. A crítica da grande burocracia pela Nova Esquerda foi abraçada por mim, até que, no fim da década de 1960, comecei a entrevistar famílias operárias brancas de Boston, em sua maioria constituídas de indivíduos descendentes em segunda ou terceira geração de imigrantes. (O livro que Jonathan Cobb e eu escrevemos a seu respeito intitula-se *The Hidden Injuries of Class* [As feridas ocultas de classe].) Longe de serem pessoas oprimidas pela burocracia, eram indivíduos enraizados em sólidas realidades institucionais, guiados por uniões estáveis, grandes corporações e mercados relativamente firmes; nesse contexto, homens e mulheres da classe operária tentavam dar sentido a sua posição inferior na hierarquia social, num país que supostamente não fazia grandes distinções de classe.

Depois desse estudo, deixei de lado por algum tempo o tema do trabalho. Havia indicações de que o grande capitalismo americano chegara a um patamar de triunfalismo, e que neste rumo a vida da classe operária prosseguiria em suas trilhas já delimitadas. Meu equívoco não poderia ter sido maior. O colapso dos acordos monetários de Bretton Woods, depois da crise petrolífera de 1973, levou à diminuição das limitações nacionais aos investimentos; em contrapartida, as corporações trataram de se reformular para atender a uma nova clientela internacional de investidores — investidores mais preocupados em obter lucros a curto prazo com preços de ações do que lucros de longo prazo com dividendos. Da mesma forma, os empregos começaram a cruzar rapidamente as fronteiras. O mesmo aconteceu com o consumo e as comunicações. Lá pela década de 1990, graças aos avanços do microprocessamento em eletrônica, o velho sonho/pesadelo da automação começou a tornar-se realidade no trabalho manual e no burocrático: finalmente tornava-se mais barato investir em máquinas do que pagar pessoas para trabalhar.

Assim foi que voltei a entrevistar operários, porém não mais trabalhadores manuais, e sim trabalhadores mais próximos da classe média que se encontravam no epicentro do *boom* global das indústrias de alta tecnologia, dos serviços financeiros e dos meios de comunicação. (É este o tema de meu livro *A corrosão do caráter.*) Tive, assim, a oportunidade de testemunhar o ideal cultural do novo capitalismo em sua mais robusta expressão, sugerindo esse *boom* que o novo homem enriqueceria pensando em termos de curto prazo, desenvolvendo seu próprio potencial e desapegando-se de tudo. Mas o que pude constatar, pelo contrário, foi que um grande número de indivíduos de classe média considerava que suas vidas estavam agora à deriva.

Pelo fim da década de 1990, o *boom* começou a murchar, como costuma acontecer com qualquer ciclo no mundo dos negócios. À medida que a economia se acalmava, entretanto, foi ficando evidente que o surto de crescimento global deixara um rastro duradouro nas instituições alheias ao mundo dos negócios, especialmente as do Estado previdenciário. Esta marca é ao mesmo tempo cultural e estrutural. Os valores da nova economia tornaram-se uma referência para a maneira como o governo pensa a respeito da dependência e da autogestão, em

A *cultura do novo capitalismo* · 17

matéria de assistência de saúde e pensões, ou ainda sobre as capacitações proporcionadas pelo sistema educacional. Como eu crescera contando com "a previdência", como se diz, o novo modelo cultural representava para mim um vívido contraste com a cultura do conjunto residencial de Chicago onde passei a infância. (Esta marca é o tema de meu livro *Respeito: A formação do caráter em um mundo desigual*.)

Procurei evitar que este livro se tornasse um simples condensado do que escrevi até agora. Em meus trabalhos anteriores, negligenciei o papel do consumo na nova economia; neste, tento, em suma, entender como as novas formas de consumo diminuem a possessividade, assim como as conseqüências políticas disto. Tive de examinar mais detidamente a relação do poder com a autoridade no trabalho. O fato de estar olhando para trás levou-me a olhar para a frente, a começar a explorar o espírito de artesanato tanto no trabalho mental quanto no manual.

Acima de tudo, tive de questionar o caráter americano das pesquisas que fiz. Na década de 1970, os Estados Unidos dominavam a economia mundial, e na de 1990, ainda que gente de todo o planeta estivesse envolvida no processo, continuaram à frente das mudanças institucionais que levaram a um novo tipo de economia. Por este motivo, os pesquisadores americanos tendem a considerar sinônimas as palavras *americano* e *moderno*. Mas esta fantasia já não é possível. O caminho chinês para o crescimento é muito diferente do que foi tomado pelos Estados Unidos, além de mais vigoroso. A economia da União Européia é maior que a dos EUA e também, sob certos aspectos, mais eficiente, inclusive em seus novos países-membros, mais uma vez, sem copiar os EUA.

Os leitores estrangeiros de meus livros recentes se têm mostrado inclinados a considerar que eles justificam a rejeição de um estilo americano de trabalho, cuja adoção seria arriscada para outros países. Não é exatamente o que eu pretendia. Decerto, as mudanças estruturais por mim descritas não têm fronteiras nacionais; o declínio do emprego vitalício, por exemplo, não é um fenômeno americano. O que efetivamente tem raízes culturais são as maneiras especificamente americanas de encarar as mudanças que se produziram na vida material.

Persiste o estereótipo de que os americanos são concorrentes agressivos nos negócios. Por trás desse estereótipo existe uma mentalidade diferente, mais passiva. Os americanos de perfil mais mediano que entrevistei nos dez últimos anos têm demonstrado tendência a aceitar as mudanças estruturais com resignação, como se a perda da segurança no trabalho e a gestão das escolas como se fossem empresas tivessem um caráter inevitável: muito pouco se pode fazer sobre essas mudanças essenciais, ainda que nos causem mal. Mas o fato é que o desmantelamento das grandes instituições por mim descrito nada tem de um mandamento divino. Nem sequer chega a ser a norma do trabalho nos Estados Unidos; a nova economia continua sendo apenas uma pequena parte da economia como um todo. Ela efetivamente exerce profunda influência moral e normativa, funcionando como padrão avançado da maneira como deve evoluir a economia de maneira geral. Minha esperança é que os americanos venham a encarar essa economia como tendem a fazê-lo os estrangeiros: uma proposta de mudança que, como qualquer proposta, deve ser submetida a uma crítica rigorosa.

· · ·

Nesse sentido, o leitor deve estar avisado do espírito crítico dos etnógrafos. Nós passamos horas ouvindo as pessoas explicarem o que pensam, sozinhas ou em grupos, seus valores, medos e expectativas. À medida que passam as horas, tudo isso é revisto e reformatado ao ser reproduzido. O etnógrafo atento aguça a audição para aquilo que leva as pessoas a se contradizerem ou se meterem num beco sem saída do entendimento. O entrevistador não está ouvindo um relato imperfeito, e sim prestando atenção a uma investigação subjetiva da complexidade social. As ambigüidades, deformações e dificuldades que se manifestam num depoimento pessoal sobre questões como Fé, Nação e Classe constituem o entendimento que um indivíduo tem da cultura.

Esta ferramenta sociológica é ao mesmo tempo adequada e inadequada para a revelação do espírito inovador dos dias de hoje. Adequada porque a ênfase da sociedade nos fluxos e na fluidez converge com o processo de trabalhar uma interpretação em nossa mente. Inadequada porque a maioria dos entrevistados em pesquisas mais aprofundadas aceita participar para chegar a conclusões, a uma explicação de sua própria posição no mundo. A fluidez frustra este desejo; as propostas ideológicas sobre maneiras de prosperar no "novo" revelam-se fugidias, bastando para isto que as examinemos mais detidamente.

Ao atender ao convite de Yale para descrever a cultura do novo capitalismo, tive portanto de pensar sobre os limites da minha ferramenta específica e as frustrações da investigação subjetiva. Tomei, assim, a grande e imperdoável liberdade de falar pelas pessoas que entrevistei ao longo dos anos; e tentei resumir o que lhes ia pela mente. Ao tomar esta liberdade, estou consciente de que jogo para baixo do tapete aquele que é talvez

20 • *Richard Sennett*

o mais fundamental dos problemas culturais: boa parte da realidade social moderna é ilegível para as pessoas que tentam entendê-la.

Os capítulos que se seguem tratam de três temas: como as instituições vêm mudando; qual a relação do medo de se tornar supérfluo ou de ficar para trás com a questão do talento na "sociedade da capacitação"; o que o comportamento em relação ao consumo tem a ver com as atitudes políticas. As mudanças institucionais no local de trabalho a que me refiro dizem respeito apenas aos setores mais avançados da economia: alta tecnologia, finanças globais e as novas empresas de prestação de serviços com três mil ou mais empregados. A maioria das pessoas na América do Norte e na Europa Ocidental não trabalha para empresas dessa natureza. Mas esta pequena fatia da economia exerce uma influência cultural muito acima dos valores numéricos. Essas novas instituições é que indicam a nova formulação das capacidades e capacitações pessoais; a fórmula que reúne instituição e capacidade é que modela a cultura do consumo; os comportamentos em matéria de consumo, por sua vez, influenciam a política, especialmente a política progressista. Estou aqui tranqüilamente deduzindo a cultura do todo de uma pequena parte da sociedade, simplesmente porque os avatares de um tipo específico de capitalismo levaram tantas pessoas a se convencer de que o seu estilo é o estilo do futuro.

Os apóstolos do novo capitalismo argumentam que sua versão a respeito desses três temas — trabalho, talento e consumo — redunda em mais liberdade para a sociedade moderna, uma liberdade fluida, uma "modernidade líquida", na excelente formulação do filósofo Zygmunt Bauman.[1] Meu motivo de disputa com eles não está em saber se sua versão do novo é real; as instituições, as capacitações e os padrões de consumo efetivamente mudaram. O meu ponto de vista é que essas mudanças não libertaram as pessoas.

Nota

1. Zygmunt Bauman, *Modernidade líquida* (Rio de Janeiro: Jorge Zahar, 2001).

CAPÍTULO UM

Burocracia

A nova página do presente

A melhor maneira de começar é conferir alguma substância ao contraste entre o novo e o velho, e já de cara ficamos devendo. "Tudo que é sólido desmancha no ar", dizia a célebre formulação de Karl Marx sobre o capitalismo — cento e sessenta anos atrás.[1] Sua versão da "modernidade líquida" vinha de um passado idealizado. Em certa medida, ela refletia uma nostalgia dos ritmos imemoriais do campo, com os quais Marx nunca teve contato direto. Da mesma forma, ele lamentava a derrocada das guildas artesanais pré-modernas e da vida bem estabelecida dos habitantes dos burgos e cidades, que teriam decretado a morte de seu próprio projeto revolucionário.

Desde a época de Marx, a instabilidade pode parecer a única constante do capitalismo. As turbulências dos mercados, a dança apressada dos investidores, a súbita ascensão, o colapso e o movimento das fábricas, a migração em massa de trabalhadores em busca de melhores empregos ou de qualquer emprego: estas imagens da energia do capitalismo permearam o século XIX e foram evocadas no início do século passado em outra frase famosa, desta vez pelo sociólogo Joseph Schumpeter: "destruição criativa".[2] Hoje, a economia moderna parece cheia apenas dessa energia instável, em decorrência da disseminação global da produção, dos mercados e das finanças e do advento de novas tecnologias. E, no entanto, aqueles que hoje estão empenhados em promover a mudança sustentam que não estamos mergulhados em mais turbulências, e sim vivendo uma nova página da história.

Os contrastes em preto-e-branco sempre são suspeitos, especialmente quando parecem indicar progresso. Veja-se a questão da desigualdade. Na Grã-Bretanha, pouco antes da crise agrícola da década de 1880, quatro mil famílias detinham 43% da riqueza do país. Nas duas últimas décadas do século XX, a desigualdade tinha contexto diferente, mas não era menos pronunciada. Tanto na Grã-Bretanha quanto na América, a riqueza das cinqüenta famílias mais ricas aumentou ao longo dessas décadas, a das dez mais ricas aumentou muito e a riqueza do contingente de 1% das famílias mais ricas aumentou exponencialmente. Embora os imigrantes na base da pirâmide também tenham conquistado riqueza, a renda dos três quintos intermediários da população anglo-americana estagnou. Um estudo recente da Organização Internacional do Trabalho permite depurar este quadro da desigualdade: à medida que se agravava na década de 1990 a desigualdade de rendas, a perda de riqueza era nitidamente mais acentuada entre trabalhadores subempregados ou de tempo parcial. O aumento da desigualdade também afeta a população mais velha em todo o espectro britânico-americano.[3]

Outra característica enganadora desse contraste em preto-e-branco consiste em presumir que as sociedades estáveis estão economicamente estagnadas. Não foi o que aconteceu com a Alemanha antes da Primeira Guerra Mundial nem com a América depois da Segunda Guerra Mundial, e não é o caso hoje — em economias menores como as da Noruega e da Suécia. Não obstante a tendência nórdica para a introspecção sombria, a bacia do norte europeu conseguiu associar relativa estabilidade e crescimento, preservando uma distribuição da riqueza mais igualitária e um padrão de vida em geral mais elevado que os EUA e a Grã-Bretanha.

Talvez o "novo" mais passível de debate seja a globalização. O sociólogo Leslie Sklair sustenta, apoiado em profuso detalhamento econômico, que a globalização limitou-se a expandir a corporação multinacional do meado do século XX.[4] Sua tese é que os chineses podem um dia assumir o papel desempenhado outrora pelas multinacionais americanas, mas o jogo continua o mesmo. Indo de encontro a sua tese, os críticos da página nova invocam toda uma série de outros fatos materiais indubitáveis: a ascensão de imensas cidades interligadas numa economia global própria; inovações que, na área da tecnologia de comunicações e dos transportes, muito pouco parecem ter a ver com as maneiras como os indivíduos costumavam viver, com suas formas de fazer contato ou os tipos de transportes dos bens e produtos.

Este debate não é apenas uma questão de circunstâncias econômicas. A corporação multinacional costumava estar entrelaçada às políticas do Estado-nação. Hoje, segundo os defensores da tese da página nova, a corporação global dispõe de investidores e acionistas em todo o mundo e ostenta uma estrutura de propriedade excessivamente complexa para atender a interesses nacionais individuais — a gigante do petróleo Shell, por exemplo, libertou-se das amarras políticas tanto holandesas quanto britânicas. A maneira mais radical de sustentar o caráter ímpar de nossa época seria afirmar que os países estão perdendo seu valor econômico.

Quero aqui focalizar uma questão comparativa no tempo que talvez não seja tão conhecida. Trata-se de um debate em torno das instituições.

A tese da página nova presume que Marx entendeu errado a história do capitalismo. (A palavra *capitalismo* propriamente seria uma invenção posterior do sociólogo Werner Sombart.) Marx equivocou-se precisamente ao acreditar numa constante destruição criativa. De acordo com seus críticos, o sistema capitalista logo se ossificou numa concha enrijecida; inicialmente, as rotinas da fábrica associavam-se à anarquia dos mercados de ações, mas pelo fim do século XIX a anarquia cedera e a concha enrijecida da burocracia nas corporações tornara-se ainda mais dura. Só hoje a concha veio a ser rompida. Existe uma boa dose de verdade factual nessa visão do passado, mas não exatamente nos termos expostos pelos entusiastas da página nova.

As fábricas do início do século XIX certamente associavam uma rotina embotadora à instabilidade do emprego; não só os trabalhadores careciam de força e proteção, como as próprias empresas freqüentemente eram mal estruturadas, estando, portanto, expostas a um súbito colapso. Existe uma estimativa de que, na Londres de 1850, 40% dos trabalhadores fisicamente capazes estavam desempregados; o índice de falências de novas empresas superava 70%. Na década de 1850, a maioria das empresas não publicava os dados relativos a suas atividades, se é

A *cultura do novo capitalismo* • 27

que chegava a reuni-los, e os métodos de contabilidade costumavam reduzir-se a simples declarações de lucros e perdas. Até o fim do século XIX, a operação de todo o ciclo dos negócios não era entendida de um ponto de vista estatístico. Eram esses os tipos de dados que Marx tinha em mente ao descrever a instabilidade material e mental da ordem industrial.

Mas esse capitalismo "primitivo" era com efeito demasiado primitivo para sobreviver social e politicamente; o capitalismo primitivo era o fermento da revolução. Num período de cem anos, da década de 1860 à de 1970, as corporações aprenderam a arte da estabilidade, assegurando a longevidade dos negócios e aumentando o número de empregados. Não foi o livre mercado que promoveu essa mudança estabilizadora; o papel mais importante foi desempenhado pela maneira como os negócios passaram a ser internamente organizados. Foram salvos da revolução pela aplicação ao capitalismo de modelos militares de organização.

É a Max Weber que devemos a análise da militarização da sociedade civil no fim do século XIX — corporações funcionando cada vez mais como exércitos, nos quais todos tinham seu lugar e cada lugar, uma função definida.[5]

Na juventude, Weber acompanhou com sentimentos ambivalentes o surgimento de uma nova Alemanha unificada. Há séculos o exército prussiano criara fama de eficiência. Enquanto muitos exércitos europeus continuavam a vender posições a seus oficiais, qualquer que fosse sua capacitação, e a oferecer treinamento insuficiente aos soldados rasos, os militares prussianos faziam questão de agir com o máximo rigor. Sua cadeia de comando era mais coesa que as de seus equivalentes franceses e britânicos, estabelecendo com uma lógica mais rigorosa as obrigações de cada patente na cadeia de comando. Na Alemanha de Otto von Bismarck, este modelo militar começou a ser aplicado às empresas e instituições da sociedade civil, sobretudo, do ponto de vista de Bismarck, em nome da paz e da prevenção da revolução. Por mais pobre que seja, o trabalhador que sabe que ocupa uma posição bem estabelecida estará menos propenso a se revoltar que aquele que não tem uma noção clara de sua posição na sociedade. Eram estes os fundamentos da política do capitalismo social.

Ironicamente, as próprias análises iniciais de Schumpeter sobre economia demonstravam que, à medida que se disseminava essa forma militarizada do capitalismo social, os negócios davam lucro. Isto porque, embora persistisse a sede de dólar, libra ou franco fácil, os investidores também buscavam resultados mais previsíveis de longo prazo. No fim do século XIX, foi por um bom motivo que a linguagem das decisões de investimento adquiriu inicialmente um caráter militar — evocando campanhas de investimento e pensamento estratégico, além de análise de resultados, o conceito favorito do general Carl von Clausewitz. Os lucros rápidos se haviam revelado problemáticos, especialmente em projetos de infra-estrutura como a construção de ferrovias e de sistemas de transporte urbano. No século XX, os operários aderiram ao processo de planejamento estratégico; seus sindicatos e associações visavam igualmente estabilizar e garantir a posição dos trabalhadores.

Os lucros que os mercados punham em risco, a burocracia tentava reconstituir. A burocracia parecia mais *eficiente* que os mercados. Esta "busca da ordem", na expressão do historiador Robert Wiebe, espraiou-se dos negócios para o governo e logo também para a sociedade civil. Quando a lição do lucro estra-

A *cultura do novo capitalismo* • 29

tégico foi transferida igualmente para os ideais de eficiência governamental, a posição dos servidores públicos foi elevada, isolando-se cada vez mais as suas práticas burocráticas das oscilações da política.[6] Na sociedade civil propriamente dita, as escolas tornaram-se cada vez mais padronizadas, em conteúdo como em funcionamento; a profissionalização enquadrou nos parâmetros da ordem as práticas da medicina, do direito e da ciência. Para Weber, todas essas formas de racionalização da vida institucional, procedendo originalmente de uma fonte militar, levariam a uma sociedade cujas normas de fraternidade, autoridade e agressão teriam caráter igualmente militar, embora os civis talvez não se dessem conta de que estavam pensando como soldados. Como observador dos tempos modernos, Weber temia algo que efetivamente viria a se concretizar: um século XX dominado pelo *ethos* da luta armada. Como economista político, Weber sustentava que o exército constitui um modelo mais lógico da modernidade que o mercado.

O tempo está no cerne desse capitalismo social militarizado: um tempo de longo prazo, cumulativo e sobretudo previsível. Esta imposição burocrática afetava tanto as regulações institucionais quanto os indivíduos. O tempo racionalizado permitia que os indivíduos encarassem suas vidas como narrativas — não tanto daquilo que necessariamente acontecerá quanto da maneira como as coisas deveriam acontecer, a ordem da experiência. Tornou-se possível, por exemplo, definir como deveriam ser as etapas de uma carreira, relacionar um longo percurso de prestação de serviços numa empresa a passos específicos de acumulação de riqueza. Pela primeira vez, muitos trabalhadores braçais eram capazes de planejar a construção de sua casa. A realidade das oportunidades e turbulências no mundo dos negócios impedia esse tipo de pensamento estratégico. No fluxo do mundo real, especialmente no fluxo do ciclo de negócios, a realidade não obedecia, naturalmente, a um plano, mas agora a possibilidade de planejar definia o reino da ação e do poder individuais.

O tempo racionalizado afetava profundamente a vida subjetiva. A palavra alemã *Bildung* designa um processo de formação pessoal que prepara o jovem para o encaminhamento de toda uma vida. Se no século XIX *Bildung* adquiriu contornos institucionais, no século XX os resultados tornaram-se concretos, exibidos em seu meado em obras como *The Organization Man* [O homem da organização], de William Whyte, *White Collar* [Colarinho branco], de C. Wright Mills, e *Bureaucracy* [Burocracia], de Michel Crozier. A visão do *Bildung* burocrático abraçada por Whyte é que a firmeza de propósitos torna-se mais importante que os súbitos surtos de ambição no interior da organização, que só rendem frutos a curto prazo. A análise de Crozier sobre o *Bildung* nas corporações francesas tratava da escada como objeto da imaginação, organizando o entendimento do indivíduo a seu próprio respeito; é possível subir, descer ou permanecer estagnado, mas haverá sempre um degrau onde pisar.

A tese da página nova sustenta que as instituições que permitiram essas idéias a respeito da narrativa de vida hoje se "desmancharam no ar". A militarização do tempo social se desintegra. Esta tese fundamenta-se em alguns fatos institucionais evidentes. Um deles é o fim do emprego vitalício, outro, o desaparecimento das carreiras inteiramente dedicadas a uma única instituição; o mesmo no que diz respeito, no terreno público, ao caráter mais incerto e de curto prazo adquirido pelos pro-

A *cultura do novo capitalismo* • 31

gramas de amparo e previdência governamental. O guru financeiro George Soros resume essas mudanças afirmando que, nas relações interpessoais, as "transações" tomaram o lugar das "relações".[7] Outros consideram que o imenso crescimento da economia mundial só é possível porque os controles institucionais sobre o fluxo de bens, serviços e trabalho tornaram-se menos coerentes; assim, um número inédito de migrantes veio a se instalar nas chamadas economias cinza das grandes cidades. O colapso do Império Soviético em 1989 é visto por outros ainda como o fim de uma ordem institucional em que era impossível distinguir regulação militar e sociedade civil.

Este debate sobre o tempo institucionalizado é tanto uma questão de cultura quanto de economia e política. Gira em torno do *Bildung*. Talvez eu possa indicar de que maneira isto acontece recorrendo a minha própria experiência de pesquisa.

No início da década de 1990, quando comecei a entrevistar especialistas em programas de computação no Vale do Silício, eles pareciam embriagados com as possibilidades da tecnologia e as perspectivas de enriquecimento rápido. Muitos desses jovens programadores, tendo como modelo Bill Gates, da Microsoft, haviam abandonado os estudos universitários para mergulhar nos *softwares*. Seus escritórios ao sul de San Francisco cheiravam a pizza rançosa; pelo chão, espalhavam-se futons e sacos de dormir. Todos eles se sentiam na crista de uma trepidante mudança: com freqüência me diziam que as antigas regras já não vigoravam. Os investidores em seus projetos também pareciam pensar assim; empresas sem lucratividade disparavam para o sucesso da noite para o dia, e com a mesma rapidez despencavam; os banqueiros iam em frente. Esses jovens tecnocratas viviam segundo uma lógica completamente diferente da dos jovens burocratas descritos nas páginas de Whyte e Crozier. Desprezavam a firmeza de propósitos e, quando fracassavam, como acontecia com freqüência, simplesmente iam em frente, como os banqueiros. O que mais me impressionava era sua tolerância ante o fracasso, que não parecia ter repercussões pessoais para eles.

Em 2000, quando a bolha pontocom explodiu e o Vale do Silício começou a ser gerido pela prudência, esses jovens descobriram a realidade da vida virando uma nova página. A reação mais comum que presenciei foi a da súbita solidão dos jovens programadores. "Ninguém mais quer saber da gente. Todo mundo já ouviu muitas idéias brilhantes antes", disse-me um deles. "Agora as coisas estão 'acontecendo' em Boston, no mundo da biotecnologia, que não é o meu mundo", comentou outro. Sozinhos, eles descobriam de uma hora para outra o tempo — o tempo informe que até então os deixava eufóricos, a ausência de regras de comportamento, de encaminhamento. A página virada estava em branco. Nesse limbo, isolados, sem uma narrativa de vida, eles descobriram o fracasso.

Poder-se-ia dizer que esta descoberta não é muito diferente da descoberta do maquinista cuja profissão deixou de existir; ou ainda, do estudante atraído por um curso de comunicação, consciente de que milhões de outros jovens sentem a mesma atração. Todos enfrentam a perspectiva de ficar à deriva.

É contra o pano de fundo dessa perspectiva de ficar isolado e à deriva que devemos entender a diferença cultural entre o novo e o velho; a linha divisória cultural permite-nos mergulhar mais fundo na vida das instituições.

Capitalismo social

Max Weber ao mesmo tempo analisava, admirava e temia uma solução doméstica para a ordem social baseada na forma militar. Do ponto de vista de quem analisa, ele se dava conta de que o modelo prussiano encaminharia o capitalismo para um rumo diferente do previsto por Marx — mas como seria exatamente a vida dentro dele? Assim como um exército bem administrado deve sobreviver a derrotas no campo de batalha, um negócio bem gerido devia ser capaz de sobreviver a movimentos bruscos de expansão e retração no mercado. Além das fronteiras da Alemanha, Weber encontrava sinais concretos dessa proposta: nos Estados Unidos, os poderosos trustes e monopólios verticais alijavam toda competição no mercado; seus proprietários, homens como Andrew Carnegie e John D. Rockefeller, comportavam-se como generais domésticos.

O gênio desse sistema encontrava-se especificamente na maneira como era organizada a cadeia de comando. Desde a época de Adam Smith, os gerentes tinham uma idéia clara do funcionamento da divisão do trabalho. O modelo smithiano explorava as maneiras de desdobrar uma tarefa complexa para a eficiente produção de uma carroça ou de um queijo. A medida da eficiência estava pura e simplesmente no grau em que alguma coisa podia ser produzida com rapidez, mas o verdadeiro teste da produção smithiana estava no mercado — seria possível produzir mais depressa que os concorrentes muitas coisas que outras pessoas quisessem comprar? Embora os exércitos funcionem pela divisão do trabalho, Weber deu-se conta de que a competição e a eficiência assumem características diferentes na vida militar.

No campo de batalha, certos soldados haverão de perder tudo, mas devem dispor-se a obedecer, mesmo sabendo que fatalmente morrerão. Nos exércitos, entre os soldados, o pacto social tem de ser absoluto. Para que um exército tenha coesão, é preciso definir com clareza e precisão as funções de cada patente, não importando quem esteja vivo para desempenhá-las ou se o exército está vencendo ou perdendo. Este imperativo militar influenciava a análise feita por Weber do "posto" burocrático na dinâmica interna de uma nação — aplicando-se aqui a palavra *posto* a todos os envolvidos numa grande burocracia, do porteiro ao presidente.

Como em qualquer exército, também numa grande burocracia nacional o poder efetivo assume a forma de uma pirâmide. A pirâmide é "racionalizada", ou seja, cada posto, cada parte tem uma função definida. À medida que subimos na cadeia de comando, será sempre menor o número de pessoas no controle; em contrapartida, à medida que descemos, quanto menos poder tiverem as pessoas, maior número poderá ser incluído na organização. O bom nível de desempenho no trabalho decorre da possibilidade de executá-lo em caráter exclusivo, e não mais a qualquer outro. No modelo liberal exposto por Smith, prosperamos ao fazer mais que o esperado de nós; no modelo militar equacionado por Weber, somos punidos por sair da linha.

O tempo é um conceito essencial nesse modelo weberiano: as funções são fixas, estáticas. E precisam sê-lo, para que a organização se mantenha coesa, não importando quem esteja neste ou naquele cargo. E, no entanto, embora a estrutura seja concebida para sobreviver ao turbilhão dos acontecimentos, a pirâmide weberiana tem uma ressonância histórica.

A *cultura do novo capitalismo* • 35

Weber ficou impressionado com o pacto social que Bismarck tentou forjar com os operários alemães; o chanceler e seus ministros prometiam a todos um lugar no sistema social. A forma da pirâmide dá fundamento a esta promessa, permitindo que uma corporação agregue um número cada vez maior de indivíduos nas camadas mais baixas, assim como um exército é capaz de absorver sempre mais soldados de infantaria. Por assim dizer, estruturas dessa natureza podem tornar-se obesas em nome da inclusão social — como deixam claro atualmente as burocracias italiana e indiana. A obstinada justificativa de Bismarck para a sistemática engorda das instituições era a pacificação, a tentativa de evitar conflitos, assegurando um lugar para todos e cada um. Desse modo, a fundamentação política e social do crescimento da burocracia é antes a inclusão que a eficiência.

Em certa medida, Weber admirava essa militarização das instituições domésticas por este simples motivo: não era um amigo da revolução. E também enxergava na pirâmide uma certa contribuição para a justiça social: cada posto define os talentos e capacitações de que uma pessoa precisa para ser incluída, as obrigações que deve cumprir; nesse sentido, a burocracia é transparente. Mas ele também se mostrava profundamente insatisfeito com as conseqüências pessoais da estabilidade e da transparência burocráticas.

No fim de seu ensaio mais conhecido, *A ética protestante e o "espírito" do capitalismo*, essa insatisfação salta aos olhos. A pessoa que faz uma carreira vitalícia numa instituição dessa natureza vive numa "jaula de ferro".[8] Passar o tempo numa organização de funções preestabelecidas fixas é como rastejar lentamente escada acima, ou escada abaixo, numa casa que não concebemos;

estamos levando a vida que outros imaginaram para nós. Na *Ética protestante*, Weber explica especificamente por que uma pessoa faria isto: as burocracias transmitem a disciplina da gratificação retardada. Em vez de avaliar se nossas atividades imediatas realmente importam para nós, aprendemos a pensar nas recompensas futuras que advirão se obedecermos às ordens agora. E precisamente aqui é que se abre uma defasagem entre a pirâmide militar e a doméstica.

O militarismo efetivamente oferece gratificação imediata — o serviço à pátria e a solidariedade com os companheiros de armas —, ao passo que, na visão de Weber, as futuras gratificações e realizações prometidas nas burocracias domésticas freqüentemente nunca chegam. Ele confere a essa frustração um viés subjetivo; a pessoa acostumada à disciplina do adiamento muitas vezes não se pode permitir o sucesso. Muitos indivíduos ansiosos nutrem este sentimento perverso. Acham que o que têm nunca é suficiente, e não são capazes de desfrutar do presente simplesmente pelo que tem de bom; postergar a realização plena torna-se um modo de vida. A contribuição de Weber consistiu em conferir um contexto institucional ao impulso subjetivo. Galgar os degraus da burocracia pode tornar-se um modo de vida. Se por um lado é uma prisão, a jaula de ferro também pode, assim, tornar-se um lar psicológico.

· · ·

A pirâmide weberiana tornou-se uma realidade estrutural, dominando grandes organizações no século XX, mas não exatamente nos termos psicológicos delineados por Weber. Fábricas gigantescas como a unidade de produção de automóveis de

Willow Run, da General Motors, transformaram-se em pirâmides, concentrando todo o processo de manufatura num único prédio do tamanho de uma cidade pequena: as matérias-primas entravam por uma porta, por assim dizer, e os automóveis saíam prontos do outro lado. A pirâmide unificava, centralizava, concentrava. Nessas fábricas e nos escritórios de proporções igualmente grandes, a divisão do trabalho foi inicialmente estabelecida nos termos de Adam Smith, tentando Frederick Taylor e outros especialistas da eficiência microgerir cada movimento e cada momento do trabalho de um empregado. Essas tentativas de mecanizar os seres humanos transmigraram para o terreno de Weber, esforçando-se os empregados e os sindicatos por estabilizar e regularizar esses monstros institucionais, ainda que para isso fosse necessário sacrificar a eficiência.

O Estado previdenciário também assumiu a forma de uma pirâmide burocrática. Na ética social-democrata, os benefícios previdenciários, como a educação e as pensões por aposentadoria, eram considerados direitos universais; na prática, até mesmo os sistemas previdenciários nórdicos e britânico forçavam seus clientes a pensar como burocratas a respeito de suas próprias necessidades. As regras burocráticas serviam antes de mais nada à própria burocracia; idosos, estudantes, desempregados e doentes eram obrigados a comportar-se como funcionários no sentido weberiano, e não como indivíduos dotados de históricos pessoais e intransferíveis. O sistema focalizava cada vez mais a estabilidade e a autopreservação institucionais, e não a efetiva provisão de cuidados.

De certa maneira, não deve surpreender ao sociólogo que a primeira metade do século XX tenha sido dedicada à guerra, pois a organização de exércitos tornara-se o próprio modelo da sociedade civil. Mas a "militarização da sociedade" tem implicações falsas, caso imaginemos que ela produz uma massa de trabalhadores ou clientes previdenciários cegos, subservientes e obedientes. Se tivesse mais experiência efetiva da vida militar, Weber teria entendido por quê.

Em todo exército, as ordens vão-se modulando à medida que descem a cadeia de comando: o que é decretado pelo general começa a ser traduzido na prática pelo contingente militar, adaptando o comando às condições que prevalecem em campo; sargentos, cabos e soldados tentam por sua vez dar sentido ao comando em determinada área de ação. Todos obedecem, mas, da mesma forma, todos interpretam. Quando uma ordem é traduzida em ação, a palavra-chave é "traduzida". Quanto maior o exército, mais interpretação será necessária.

A mesma mediação opera nas pirâmides domésticas, sendo este um dos motivos pelos quais fracassaram os apóstolos da eficiência como Taylor. Seus estudos sobre tempo e movimento geraram algo parecido com as ordens de comando de um marechal sobre a maneira como as coisas deveriam acontecer e ser feitas. Na prática, cada um desses preceitos era interpretado e negociado à medida que ia descendo a estrutura institucional. Com infantil ingenuidade, Taylor afligia-se por ver seus preceitos — tão claros, tão "científicos" — se esfumarem e perderem nas corporações a que prestava consultoria. A realidade o contrariava.

A modulação interpretativa que se encastela em qualquer pirâmide burocrática foi um dos motivos de eu ter encontrado, em minha pesquisa de campo para *A corrosão do caráter*, muitas pessoas que não se adequavam à psicologia descrita por Weber no caso da jaula de ferro. Por exemplo, os trabalhadores

A cultura do novo capitalismo • 39

da IBM, que até 1993 atuavam como um exército paternalista, certamente se sentiam enjaulados pela estrutura autopreservadora da corporação. Dentro desses limites, no entanto, eles negociavam as coisas concretas que eram instruídos a fazer e interpretavam o significado, para eles, como indivíduos, da transferência de um departamento para outro.[9] O analista social deveria tomar muito cuidado ao descartar essas pequenas traduções. O recurso a elas proporcionava aos indivíduos da corporação a sensação de estar agindo por conta própria; a narrativa institucional da promoção ou do rebaixamento tornava-se a história de sua própria vida. Como nos exércitos, também nas corporações a infelicidade com uma instituição pode coexistir com um forte compromisso em relação a ela; ainda que infeliz, uma pessoa que tem espaço para entender o que acontece em sua área de vivência estabelece vínculos com a organização.

Em minhas pesquisas de campo para a redação de *Respeito*, constatei que essa mistura de desafeição e compromisso era ainda mais acentuada em trabalhadores do serviço público em burocracias piramidais de Estados previdenciários. Em Chicago e Londres, conversei com professores de escolas mal equipadas e esclerosadas de bairros pobres; em Nova York, entrevistei enfermeiras nos inacreditáveis hospitais públicos da cidade. Muitos deles poderiam ter optado por empregos melhores, mas não o faziam. Diziam estar fazendo algo útil.[10] Mais uma vez, o que mais os prendia em caráter pessoal eram aqueles pequenos passos de negociação e mediação que estabeleciam sua presença pessoal em suas instituições. Uma enfermeira de Nova York disse-me que por este motivo é que ficava num hospital público sem recursos, em vez de ganhar mais dinheiro com serviços

40 · *Richard Sennett*

particulares. As duas formas de trabalho são úteis, mas no hospital ela "fazia a diferença".

Se eu tivesse de chegar a uma conclusão própria sobre a estrutura concebida por Bismarck para o capitalismo social, tão brilhantemente analisada por Weber, diria que seu maior legado foi o dom da organização do tempo. Todas as relações sociais levam tempo para se desenvolver; uma narrativa de vida na qual o indivíduo seja importante para os outros exige uma instituição com a longevidade de uma vida inteira. Os indivíduos ansiosos certamente podem desperdiçar suas vidas disputando posições em instituições dessa natureza. Mas a maioria dos adultos aprende a domar a fera da ambição; temos outros motivos para viver além desse. As jaulas de ferro aprisionam o tempo da convivência com as outras pessoas. Além disso, as estruturas burocráticas permitem interpretar o poder, conferir-lhe sentido no campo de ação; podem, assim, dar aos indivíduos a sensação de estar agindo por conta própria. Mesmo em instituições em mau funcionamento como as do Estado previdenciário americano, os trabalhadores do serviço público continuam achando que fazem a diferença. Seria uma ilusão? Talvez, mas nenhum adulto é capaz de ir em frente sem ela.

Considerando-se suas origens militares, a imagem da jaula de ferro dá idéia de uma burocracia montada para sobreviver a sublevações. Costumamos associar burocracia a estabilidade e solidez. Mas se trata na realidade de uma ilusão. O capitalismo social revelou-se frágil. Em nossa geração, sua estrutura burocrática tem sido desafiada de maneiras que nem Bismarck nem Weber poderiam ter previsto.

A cultura do novo capitalismo • 41

Desenjaulados

O fim do século XX virou três novas páginas que pareciam indicar que o capitalismo social haveria de tornar-se uma nostálgica lembrança. As mudanças econômicas são internamente complexas; tratarei de simplificar escolhendo os aspectos que têm afetado mais diretamente a vida das pessoas comuns dentro das instituições.

Primeiro, houve nas grandes empresas a mudança do poder gerencial para o acionário. Esta mudança tem uma data precisa: um enorme superávit de capital para investimentos foi liberado em escala global quando os acordos de Bretton Woods entraram em derrocada, no início da década de 1970. Todo um bolo de riqueza que estivera confinado a empresas locais ou nacionais ou estocado em bancos nacionais podia agora movimentar-se com muito maior facilidade por todo o planeta. Verificou-se uma fome de investimentos, especialmente nos países petrolíferos do Oriente Médio, nos bancos americanos, japoneses e alemães e entre as populações de etnia chinesa do oceano Pacífico. O exemplo seria seguido nas décadas de 1980 e 1990 por gigantescos fundos de pensão e pequenos investidores privados, em busca de novas oportunidades no exterior.[11]

Os bancos se transformaram para se adaptar a esta cornucópia. Os serviços bancários de investimentos tornaram-se efetivamente internacionais. Em Londres, por exemplo, as redes criadas pelos antigos banqueiros de investimentos no passado imperial britânico eram agora açambarcadas por bancos americanos, japoneses e alemães, que adquiriam o controle das empresas britânicas; hoje, a City londrina continua sendo uma porta giratória das finanças planetárias, mas deixou de ser uma insti-

42 • *Richard Sennett*

tuição britânica. Certos bancos passaram a ocupar-se cada vez mais de fusões e aquisições, e também perderam contato com os interesses do Estado-nação. Já na década de 1950, Siegmund Warburg inaugurara pioneiramente as técnicas de aquisição hostil do controle de grandes empresas de caráter nacional. Uma das conseqüências da multiplicação da riqueza foi a transformação da aquisição hostil de controle numa forma de arte, à medida que o dinheiro buscava sempre novas maneiras de se estabelecer.

Inicialmente, os gerentes acreditavam estar lidando com investidores que já conheciam do passado, ou seja, instituições e indivíduos em grande medida passivos. As iniciativas de uma empresa seriam ratificadas em reuniões anuais nas quais os únicos desafios seriam representados por velhas senhoras com vestidos extravagantes ou militantes vegetarianos. Mas logo esses gerentes perderiam suas ilusões. Esses investidores assumiram a posição ativa de juízes; um momento decisivo dessa participação ocorreu quando os fundos de pensão, controlando enormes quantidades de capital, começaram a pressionar ativamente a gerência. Graças à sofisticação cada vez maior de instrumentos financeiros como a chamada aquisição alavancada,* os investidores estavam em condições de turbinar ou desmontar corporações inteiras ante os olhos perplexos e impotentes da gerência.

O surgimento de um sofisticado tipo de poder acionário indicava que os generais corporativos no topo da cadeia de comando já não eram os generais de antigamente; surgira no alto

---

*Aquisição do controle acionário de uma sociedade por parte de um grupo mediante obtenção de empréstimo, a ser saldado com recursos gerados pela sociedade ou seus ativos. (*N. do T.*)

A *cultura do novo capitalismo* • 43

uma nova fonte de poder colateral, não raro literalmente estrangeiro e muitas vezes indiferente por outros motivos à cultura forjada no interior da corporação por associações e alianças de longa vida. Essa mudança na esfera do poder virou por sua vez uma segunda página. Os investidores dotados de novo poder queriam resultados a curto, e não a longo prazo. Constituíam o contingente do "capital impaciente", na formulação de Bennett Harrison. Muito significativamente, avaliavam resultados antes pelos preços das ações que pelos dividendos corporativos. A compra e venda de ações num mercado aberto e fluido dava maiores e mais rápidos resultados que o controle de estoques acionários a longo prazo. Por este motivo, enquanto em 1965 os fundos americanos de pensão retinham estoques em média durante 46 meses, em 2000 boa parte das carteiras desses investidores institucionais tinha rotatividade média de 3,8 meses. O jogo com o valor dos estoques superou formas tradicionais de mensuração do desempenho, como a relação preço/lucro — particularmente no *boom* tecnológico da década de 1990, quando o valor das ações multiplicou-se em empresas sem lucratividade.

Naturalmente, não há nada de novo nessa busca de abrigo ou lucros fáceis para o dinheiro. Mas o efeito cumulativo de tão grande liberação de capitais e da pressão por resultados de curto prazo transformou a estrutura das instituições mais atrativas para os investidores recém-investidos de poder. Enormes pressões foram exercidas sobre as empresas, para que se fizessem belas aos olhos do primeiro *voyeur* que passasse; a beleza institucional consistia em demonstrar sinais de mudança e flexibilidade internas, dando pinta de empresa dinâmica, ainda que tivesse funcionado perfeitamente bem na época da estabilidade.

Empresas como a Sunbeam e a Enron tornaram-se corruptas ou disfuncionais ao se exibir para esse desfile de investidores, mas ainda em períodos de baixa do mercado a pressão sobre as empresas continuava a mesma: a imperturbabilidade institucional tornou-se um fator antes negativo que positivo para os investimentos. A estabilidade parecia sinal de fraqueza, indicando ao mercado que a empresa não era capaz de inovar, encontrar novas oportunidades ou gerir de alguma outra forma a mudança.

Surgia um profundo contraste com a teoria e as práticas de uma geração anterior. Rockefeller tranqüilizou os mercados eliminando a competição e o fluxo; o pacto social inerente ao modelo weberiano escorava-se na convicção dos que estavam dentro da instituição de que ela seria capaz de enfrentar qualquer tempestade. Já agora, a disposição de desestabilizar a própria organização parecia um sinal positivo. A este respeito, destaca-se entre os grandes executivos Louis Gerstner, da IBM, que em 1993 herdou a mais rígida das jaulas de ferro burocratizadas e em 1996 já havia desmontado boa parte do legado.

No início deste capítulo, invoquei a imagem de uma individualidade idealmente disposta a abrir mão, a entregar as posses. Este ideal tornou-se uma necessidade concreta para os executivos que tentam conviver com as pressões do capital impaciente. Tiveram de promover a reengenharia, reinventar-se continuamente ou perecer nos mercados.

O terceiro desafio com que se defronta a jaula de ferro está no desenvolvimento de novas tecnologias de comunicação e manufatura. As comunicações em escala planetária tornaram-se instantâneas. Certos observadores, como Manuel Castells, imaginam que a economia global levantou vôo e ganhou os céus,

A *cultura do novo capitalismo* • 45

não mais importando o lugar em que se encontra; outros, como Saskia Sassen, consideram que as grandes cidades, onde se operam os investimentos e a coordenação, tornaram-se ainda mais importantes na era global. Do ponto de observação dos indivíduos no interior de instituições, a revolução das comunicações teve ainda um outro significado.

Com o aperfeiçoamento da tecnologia de comunicações, a informação pôde ser formulada de maneira intensiva e inequívoca, disseminada em sua versão original por toda uma corporação. O *e-mail* e seus derivados diminuíram a mediação e a interpretação de ordens e normas transmitidas verbalmente para baixo na cadeia de comando. Graças às novas ferramentas de computação para o mapeamento de insumos e produção nas corporações, tornou-se possível transmitir para cima, de maneira instantânea e sem mediação, informações sobre o desempenho de projetos, vendas e do pessoal. Estima-se que, na década de 1960, o decurso de tempo para que uma decisão da direção executiva chegasse à linha de montagem era de cinco meses, intervalo hoje em dia radicalmente reduzido a umas poucas semanas. Na organização de vendas, o desempenho dos representantes de vendas pode ser mapeado em tempo real em casa, na tela do computador.

Desse modo, uma das conseqüências da revolução da informação foi a substituição da modulação e da interpretação das ordens por um novo tipo de centralização. As implicações sociais dessa centralização, como logo veremos, são profundas. Para os executivos pressionados pelo capital impaciente, a conseqüência imediata do avanço tecnológico foi imbuí-los da convicção de que, detendo a informação, poderiam promover rápidas mudanças a partir do alto da linha de comando. Uma convicção que não raro haveria de revelar-se a sua perda.

A automação, outro aspecto da revolução tecnológica, teve uma conseqüência profunda na pirâmide burocrática: a base de uma instituição já não precisa ser grande. Tanto no trabalho braçal quanto no intelectual, as organizações podem já agora disseminar tarefas rotineiras de maneira eficiente, graças a inovações como os códigos de barra, as tecnologias de identificação da voz, os escaneadores de objetos tridimensionais e as micromáquinas que fazem o trabalho dos dedos. Não é apenas que se tenha tornado possível reduzir pura e simplesmente o tamanho da força de trabalho, mas também que a gerência pode promover economias para reduzir as camadas funcionais na base — um exército institucional em que os soldados rasos são circuitos.

A conseqüência dessa capacidade tecnológica é que a inclusão das massas — o elemento social do capitalismo social — pode ficar para trás. O provável é que fiquem de fora apenas os elementos mais vulneráveis da sociedade, os que desejam trabalhar mas não dispõem de capacitações especializadas. Naturalmente, as indústrias e escritórios de outros tempos não eram geridos como instituições de caridade. Todavia, como o próprio Bismarck seria o primeiro a reconhecer, o crescimento dos negócios gera transtornos e agitação sociais, ameaças que podem ser enfrentadas pelo alargamento da base de emprego. Criar empregos para todos dessa maneira antiga hoje em dia é desafiar ou ignorar a força da moderna tecnologia.

À medida que se dissemina a automação, recua o campo das capacidades humanas predeterminadas. Há cinqüenta anos, conversar com uma máquina sobre nossa conta bancária pare-

A *cultura do novo capitalismo* • 47

ceria coisa de ficção científica; hoje, é algo perfeitamente natural. Também aqui temos a nova individualidade idealizada: um indivíduo constantemente adquirindo novas capacitações, alterando sua "base de conhecimento". Na realidade, este ideal é impulsionado pela necessidade de manter-se à frente da máquina. As três páginas novas que descrevi dizem respeito apenas, atualmente, a certos tipos de burocracias econômicas. São grandes, vendem ações por si mesmas e podem prevalecer-se da tecnologia avançada. Essas empresas podem ser encontradas no terreno dos serviços financeiros, jurídicos e de seguros, na esfera da manufatura e dos transportes marítimos globais; mobilizam serviços altamente especializados de menor escala, como a concepção de produtos, a publicidade e a comercialização, os meios de comunicação e os serviços de computação.

Em contraste, a maioria das empresas dos Estados Unidos e da Grã-Bretanha tem menos de três mil empregados; muitas têm alcance apenas local ou são negócio de família; algumas oferecem serviços artesanais, como as empresas de construção em pequena escala. Essas empresas podem funcionar perfeitamente bem como pequenas pirâmides burocráticas. Se eu fosse um investidor idoso, dormiria muito mais tranqüilo como dono de uma empresa de encanamento de âmbito local do que me aventurando no mercado de derivativos. E Weber continua sendo um guia seguro para o funcionamento interno dessas pequenas empresas de caráter piramidal.

É importante ter isto em mente ao analisar a organização globalizada, de valor de curto prazo e tecnologicamente complexa como modelo de mudança institucional. Os governos inflados e as instituições cívicas têm tentado desmantelar seu passado institucional seguindo este modelo. A simples imagem de grandes e estáveis burocracias proporcionando benefícios previsíveis a longo prazo é suficiente para horrorizar os reformistas políticos. Naturalmente, não vamos encontrar nos cofres governamentais nada parecido com as montanhas de dinheiro em que estão sentados os modernos investidores globais. Os "investidores" dos governos são os trabalhadores que virão um dia a receber pensões e benefícios de seguros-saúde, os pais que pagam impostos para financiar as escolas. Por que haveria de interessar-lhes um modelo de negócios atraente para um magnata saudita do petróleo preocupado com lucros a curto prazo?

Mais uma vez, aqui, entra em cena a cultura, sob a forma daquela individualidade idealizada capaz de prosperar no turbinado mundo da aquisição de controle de empresas. Essa pessoa idealizada foge de toda forma de dependência, não se prende aos outros. Os reformadores do Estado previdenciário temem que ele tenha estimulado a dependência institucionalizada — que é exatamente o que Bismarck esperava. Em lugar da vida dentro da instituição, o que os reformadores querem, como já sabemos, é mais iniciativa e capacidade empreendedora pessoais: vale-educação, contas de poupança dos empregados para a velhice e para a assistência médica, sendo o bem-estar de cada um conduzido como uma espécie de consultoria de negócios.

Seria equivocado equiparar o medo da dependência a puro e simples individualismo. No mundo dos novos negócios, é necessária uma densa rede de contatos sociais para prosperar; um dos motivos pelos quais as cidades globais vão tomando forma é precisamente o fato de proporcionarem um terreno local para a formação dessas redes de contatos pessoais. As pessoas que estão ligadas a organizações apenas pelo computador, traba-

A *cultura do novo capitalismo* • 49

lhando em casa ou atuando em campo por conta própria, tendem a ficar marginalizadas, perdendo os contatos informais.

O medo da dependência fala da preocupação com a perda do autocontrole, e, em termos mais psicológicos, do sentimento de vergonha por submeter-se aos outros. Uma das grandes ironias do modelo da nova economia é que, ao livrar-se da jaula de ferro, ele serviu apenas para reinstituir esses traumas sociais e emocionais numa nova forma institucional.

Arquitetura institucional

A nova página das instituições não é uma página em branco. Podemos imaginar o que está escrito nela comparando a nova arquitetura institucional a uma máquina extraordinariamente moderna, em vez de uma estrutura tradicional de construção, como a pirâmide.

Especificamente, esta nova estrutura funciona como um tocador de MP3. A máquina de MP3 pode ser programada para tocar apenas algumas faixas de seu repertório; da mesma forma, a organização flexível pode selecionar e desempenhar a qualquer momento apenas algumas de suas muitas possíveis funções. Na corporação ao velho estilo, em contrapartida, a produção ocorre através de um conjunto preestabelecido de atos; os elos da cadeia são fixos. Num tocador de MP3, o que ouvimos pode ser programado em qualquer seqüência. Numa organização flexível, a seqüência de produção também pode ser alterada à vontade. Em empresas de programação avançada de programas de computadores, por exemplo, a instituição poderia centrar-se em algum projeto promissor e inovador de criação de imagens, voltando atrás para montar o código de apoio que simplifica a produção de imagens e em seguida avançando novamente para estudar as possibilidades comerciais. É uma forma de trabalho pautada por tarefas específicas, e não por funções predeterminadas. O desenvolvimento linear é substituído por uma predisposição mental capaz de permitir a livre circulação. Esta nova forma de trabalhar permite aquilo que no jargão gerencial é conhecido como dessedimentação institucional. Confiando certas funções a terceiros em outras firmas ou outros lugares, o gerente pode livrar-se de certas camadas na organização. A organização incha e se contrai, empregados são atraídos ou descartados à medida que a empresa transita de uma tarefa a outra.

A "casualização" da força de trabalho não diz respeito apenas ao emprego de trabalhadores temporários ou subempreiteiros externos; aplica-se também à estrutura interna da empresa. Os empregados podem estar vinculados a contratos de três ou seis meses, freqüentemente renovados ao longo dos anos; com isto, o empregador pode eximir-se de pagar-lhes benefícios como seguro de saúde e pensões. Além disso, os trabalhadores vinculados por contratos de curta duração também podem ser facilmente transferidos de uma tarefa a outra, alterando-se os contratos para adaptá-los à evolução das atividades da empresa. E a empresa pode contrair-se e expandir-se rapidamente, dispensando ou contratando pessoal.

É mais fácil quantificar os trabalhadores temporários que os vinculados por contratos de curto prazo, mas os números disponíveis já são por si mesmos eloqüentes. O trabalho temporário constituiu o setor de mais rápido crescimento da força de trabalho nos Estados Unidos e na Grã-Bretanha; e representa atualmente 8% da força de trabalho americana. Se acrescentarmos as pessoas empregadas com contratos de curto prazo para evitar despesas com benefícios, no comércio varejista, em restaurantes e outros trabalhos do setor de serviços, o percentual chegaria a algo em torno de um quinto da força de trabalho americana.

Consideradas em conjunto, essas três edificações institucionais — a casualização, a dessedimentação e o seqüenciamento não linear — encurtam o tempo operacional da organização; as tarefas imediatas e de pequeno porte passam a merecer toda a ênfase. Deste ponto de vista, o desenvolvimento da Internet comercial foi um verdadeiro maná, configurando a operacionalização rápida e por partes de um sistema de comunicações extraordinariamente complicado. Do ponto de vista dos investidores, um de seus atrativos era precisamente o frenesi da movimentação, da mudança e do caos nas empresas, potencializando resultados através da pura e simples visibilidade. Poucos investidores sabiam o que estavam comprando — só que era algo novo.

• • •

Em termos sociais, o trabalho de curto prazo por tarefa altera o funcionamento do trabalho em conjunto. Na pirâmide da cadeia de comando, desempenhamos nossa função e cumprimos nosso dever, e eventualmente somos recompensados, como detentores de um cargo, pelo desempenho ou por antigüidade; se não formos ignorados na promoção ou rebaixados. Seja como for, a infra-estrutura da empresa é suficientemente clara. Não é o que acontece no mundo oscilante do trabalho de curto prazo por tarefa. A estrutura da empresa não constituiu um sólido objeto passível de estudo, seu futuro não pode ser previsto. Entrevistando trabalhadores temporários, pude constatar que os que prosperam nesse meio têm um alto grau de tolerância com a ambigüidade. Dizia-me um assistente administrativo: "Cada vez que começamos num novo emprego, temos de fingir. O patrão espera que a gente saiba como fazer as coisas e o que ele quer. Mas é claro que não é assim. É um desafio." Não é por acaso que as organizações flexíveis dão ênfase à "capacitação em relações humanas", oferecendo treinamento "interpessoal". Mesmo deixando de lado o fator psicológico, permanece uma necessidade imperativa: nesses ambientes, as pessoas precisam ser próativas diante de circunstâncias ambíguas.

Isto pode dar a entender que as relações humanas abertas são mais importantes nas organizações flexíveis — uma possibilidade que os profetas da página nova dão por comprovada; nas estruturas fluidas, a sensibilidade substitui o dever. Uma terceira comparação entre o tocador de MP3 e a organização flexível deixa claro por que a conscientização recíproca vem a ser impregnada de ansiedade e, com demasiada freqüência, paranóia institucionalizada.

Num tocador de MP3, os raios *laser* da unidade central de processamento é que mandam. Embora seja possível acessar o material aleatoriamente, a flexibilidade da reprodução só é possível porque a unidade central de processamento controla o conjunto. Da mesma forma, numa organização flexível, o poder fica concentrado no centro; a unidade central de processamento da instituição estabelece as tarefas, avalia os resultados, promove a expansão ou o encolhimento da empresa. Novas tecnologias de análise têm permitido às empresas promover o que Michel

A *cultura do novo capitalismo* • 53

Foucault chamava de "vigilância panóptica"; são tecnologias que projetam na tela mapas de recursos e desempenho em tempo real. Mas esta fiscalização informatizada difere do controle outrora contemplado por Taylor e outros especialistas da eficiência.

Para obter resultados rápidos e flexíveis, os grupos de trabalho precisam de certa medida de autonomia. De fato, a empresa tentará motivar a autonomia através dos mercados internos; o centro estabelece os termos da competição entre as equipes no estabelecimento de um código de computação, no levantamento de fundos ou na concepção de um produto, e quatro ou cinco equipes passam a competir nessa direção. Pela lógica de Taylor, baseada na forma piramidal, isto seria altamente ineficiente, pois haveria duplicação de esforços, mas pela nova lógica da flexibilidade, o que importa é obter os melhores resultados com a maior rapidez possível. É esta, para eles, a verdadeira medida da eficiência. Este tipo de competição interna leva àquilo que o economista Robert Frank chama de recompensas "tudo-ou-nada": os prêmios máximos são concedidos apenas à equipe vencedora, sendo poucos ou inexistentes os prêmios de consolação.[12]

O sistema gera alto nível de estresse e ansiedade entre os trabalhadores, como pudemos constatar eu e muitos outros pesquisadores. Naturalmente, toda competição gera estresse; num mercado em que a recompensa é tudo ou nada, as apostas são sempre altas. Os mercados internos também mantêm altos os níveis de ansiedade, pois a delimitação entre concorrentes e colegas já não é tão clara. Dentre os trabalhadores temporários que entrevistei, os mais capazes de gerir o estresse só tinham esta vantagem porque não pertencem à empresa, ou seja, são mais autenticamente autônomos. Em contraste com o assistente

administrativo mencionado acima, uma de minhas entrevista-
das numa empresa de alta tecnologia da Costa Oeste queixou-
se de que a equipe vencedora numa competição interna "tirou
vantagem" do fato de que ela precisava voltar para casa cedo
para cuidar dos filhos pequenos; eles sabiam que poderiam
"vencer" porque ela tinha uma família. Eram falsos colegas.

Uma das maneiras de contrastar esta situação com as empresas piramidais que estudei há trinta anos está na diferença
emocional entre ansiedade e medo. A ansiedade diz respeito ao
que poderia acontecer; o medo, àquilo que sabemos que vai
acontecer. A ansiedade manifesta-se em condições ambíguas, e
o medo, quando a dor ou o azar está claramente definido. Na
antiga pirâmide, o fracasso tinha raízes no medo; na nova instituição, ele é moldado pela ansiedade. Quando as empresas são
submetidas a reengenharia, muitas vezes os empregados não
têm idéia do que lhes acontecerá, pois as modernas formas de
reestruturação corporativa são impulsionadas pelo passivo e o
valor das ações estabelecido nos mercados financeiros, e não
pelo funcionamento interno da empresa. Com demasiada freqüência, os engenheiros da mudança muito pouca idéia têm do
que fazer uma vez concluída a venda ou fusão. Esta indeter-
minação espalha ansiedade nas fileiras, e os investidores ou banqueiros não estão em condições de minorá-la. Praticamente
certo é que a desigualdade no interior da empresa aumentará.
Mas uma desigualdade muito especial.

. . .

A desigualdade tornou-se o calcanhar-de-aquiles da economia
moderna. Ela se manifesta de muitas formas: remunerações des-

A *cultura do novo capitalismo* • 55

comunais para os altos executivos, uma defasagem cada vez maior nas corporações entre os salários mais elevados e os mais baixos, estagnação das camadas médias de renda frente às das elites. A competição ao estilo tudo-ou-nada gera extrema desigualdade material. Em certos tipos de empresas, essas desigualdades da riqueza têm como paralelo uma crescente desigualdade social.

Nas burocracias mergulhadas no transe da reorganização, a eliminação das camadas intermediárias de burocracia pode pôr a perder a cadeia de comunicação pela qual o poder é interpretado enquanto circula para baixo e a informação é modulada enquanto é passada para cima. Uma vez reformada, a empresa dotada de flexibilidade torna-se incapaz de mapear esse território mais desconexo. O centro governa a periferia de uma forma específica. Na periferia, as pessoas estão por conta própria no processo do trabalho, sem muita interação para cima e para baixo na cadeia de comando; não existe algo parecido com um relacionamento social entre um operador de máquina de pontear sapatos tailandês e um estilista milanês; para usar a expressão de Soros, eles mais transacionam que se relacionam. Os que se encontram na periferia só devem prestar contas ao centro em matéria de resultados. Ao fim e ao cabo, esse relacionamento distanciado é a geografia da globalização. No extremo oposto, numa pirâmide burocrática, estaria o empregador paternalista. Em termos de riqueza e poder, um paternalista como Henry Ford era, com efeito, tão desigual em relação aos operários da linha de montagem quanto qualquer moderno magnata global. Em termos sociológicos, contudo, estava mais próximo deles, assim como o general no campo de batalha estava ligado a suas tropas. A idéia sociológica, aqui, é que a desigualdade se traduz em termos de distância; quanto maior a distância — quanto menos for sentido o vínculo de ambos os lados —, maior a desigualdade social entre eles.

O trabalho de consultoria é um excelente exemplo para compreender como a distância social funciona na prática. Os consultores são um ingrediente essencial no moderno poder burocrático, lubrificando sua maquinaria. Em princípio, espera-se dos consultores estratégias e conselhos objetivos; na prática, eles cumprem a dolorosa tarefa de reorganizar as atividades na periferia da organização — aposentadorias forçadas, eliminação de departamentos, novas obrigações para os empregados que sobrevivem.

O melhor estudo etnográfico da consultoria é provavelmente o de Georgina Born, da Universidade de Cambridge.[13] Ela estudou a British Broadcasting Corporation na década de 1990, no momento em que um executivo empenhado em reformas, John Birt, convocou a organização de consultoria McKinsey para trabalhar durante um ano no remodelamento do plano estratégico de dez anos estabelecido pela emissora. Os consultores, em sua maioria homens jovens que acabavam de obter diplomas de MBA, iam aprendendo sobre o funcionamento da empresa enquanto a submetiam à reengenharia. A estratégia significava alterar formalmente os processos de funcionamento da BBC — a quem se reportar, o que era reportado, o que era necessário reportar. Mas os consultores da McKinsey não assumiram grande responsabilidade na aplicação dessas mudanças, como tampouco tiveram de lidar com suas conseqüências humanas; entre elas estava a transferência de muitas pessoas das áreas nas quais haviam desenvolvido sua capacitação para outras em que andavam às cegas. Nessa "indústria criativa", os

A *cultura do novo capitalismo* • 57

próprios consultores não tinham grande entendimento do que é trabalho criativo, tendendo portanto a minimizar seu valor intrínseco. Os consultores foram remunerados e se foram, deixando a organização em desordem e aumentando as distâncias sociais no interior da BBC. Por sua vez, essas disfunções humanas em plena mudança agravaram consideravelmente o sentimento de ansiedade dos empregados.

Que pode ganhar a direção de uma empresa ao recorrer a consultores? Em certa medida, a presença do consultor serve de indicação ideológica de que o poder está sendo exercido — uma mensagem de vontade e determinação corporativas. No terreno da lucratividade, esta mensagem é importante: as turbulências institucionais servem para indicar aos investidores que está acontecendo com a empresa alguma coisa — mudança, por mais ambígua que seja —, o que freqüentemente serve para elevar o preço das ações. Mas o aumento da distância social, no interior das empresas, oferece uma outra vantagem.

Ao contratar consultores, os executivos que se encontram no centro da máquina de MP3 podem eximir-se da responsabilidade pelas decisões dolorosas. A unidade central comanda mas evita a prestação de contas. Na prática, são poucos os consultores que entram para as empresas por eles reorganizadas, e portanto também eles evitam ter de prestar contas. Este divórcio entre o comando e a prestação de contas explica a força política das práticas de consultoria. Após a derrocada do império soviético em 1989, certos países foram submetidos a um tratamento parecido com o que foi ministrado à BBC. Na Polônia e na Rússia, equipes de consultores instalaram-se nos ministérios governamentais para desmontá-los ou transformá-los em negócios privados. O acadêmico Jeffrey Sachs, da Universidade de

Harvard, tratou a Polônia como uma experiência de livre mercado, mas não permaneceu no país para trabalhar em seu governo. Tendo reorganizado a economia, que ainda hoje tenta recuperar-se dessa experiência, Sachs voltou para os Estados Unidos, passando a cuidar de problemas ambientais. Ao criar distâncias sociais que divorciam o controle da prestação de contas, a consultoria revela uma alteração fundamental do terreno burocrático, uma reformatação da desigualdade. O poder pode concentrar-se no alto, mas nem por isso a autoridade aumenta.

Autoridade e controle

A palavra *autoridade* define um complexo processo social de dependência.[14] Uma pessoa dotada de autoridade é diferente de um tirano, que recorre à força bruta para ser obedecido. Como observou Weber há muito tempo, uma pessoa dotada de autoridade suscita a obediência voluntária; seus subordinados acreditam nela. Podem considerá-la dura, cruel, injusta, mas ainda assim existe algo mais. As pessoas que estão embaixo acabam contando com as que estão acima delas. Nas formas carismáticas de autoridade, os que estão embaixo acreditam que a figura da autoridade completará e capacitará o que neles é incompleto e incapaz; nas formas burocráticas de autoridade, acreditam que as instituições assumirão a responsabilidade por eles.

Os exércitos constituem um exemplo claro de autoridade tanto carismática quanto burocrática. Um soldado é capaz de morrer por oficiais dotados de superior coragem ou força de von-

A *cultura do novo capitalismo* • 59

tade, e também por oficiais medíocres; o cargo investe o incompetente de autoridade. Esta dualidade é bem conhecida dos leitores do clássico romance de guerra *Ardil 22*, de Joseph Heller, no qual a visão cínica que a soldadesca tem de seus incompetentes superiores convive com a obediência voluntária. As hierarquias civis geram a mesma dualidade em matéria de autoridade. Num estudo clássico da pirâmide de trabalho burocrática, Reinhard Bendix deparou-se com empregados que contavam com os conselhos dos patrões, solicitavam sua orientação e pediam sua aprovação, embora fora dos horários de trabalho fizessem observações maldosas sobre suas personalidades.

A instituição do tipo MP3 pode celebrar o líder carismático, mas não solicita uma autoridade institucional. Isto se deve em parte ao comportamento dos executivos, quando por sua vez também agem como consultores. A alta rotatividade no alto da escala pode ter este efeito; não haverá, nesse caso, ninguém no poder que tenha demonstrado compromisso com a organização, vivenciado seus problemas e que possa dar testemunho do esforço dos que estão abaixo. Em certa medida, a pura e simples desvinculação entre o centro e a periferia dissipa nesta última a crença de que determinado ser humano ou um grupo específico está realmente no comando no centro. A esse respeito, pude constatar que os empregados de uma empresa de serviços financeiros consideravam a "gestão por *e-mail*" particularmente condenável; com demasiada freqüência, as pessoas recebiam *e-mails* informando-lhes que estavam sendo transferidas ou mesmo demitidas — "covardes demais para me dizer na cara", comentou uma delas. Esquivar-se às responsabilidades tem ainda uma outra dimensão.

Examinando os registros do departamento de pessoal de uma empresa de alta tecnologia com uma gestão do tipo porta giratória, fiquei impressionado com a freqüência com que as palavras *carente* e *dependente* eram empregadas em sentido pejorativo. Uma gerente de pessoal disse-me que buscava nos empregados algo parecido com autodisciplina sem dependência. O que faz sentido, do ponto de vista institucional. As operações são fragmentadas, seja em termos geográficos, na periferia das grandes empresas, seja internamente, nas organizações de porte médio, quando muitas atividades desconexas ocorrem ao mesmo tempo. Em tais condições, os indivíduos efetivamente ficam entregues a si mesmos, podendo recorrer apenas à sua própria capacidade para melhor reagir às ordens, objetivos e avaliações de desempenho que partem do centro. Todavia, esta celebração da autogestão não é propriamente inocente. Com isto, a empresa não precisa mais pensar de maneira crítica sobre sua responsabilidade em relação àqueles que controla.

Para certas pessoas, a mistura de maior controle central e menor autoridade funciona extraordinariamente bem. As organizações de ponta querem atrair jovens de espírito empreendedor; são bons lugares para homens e mulheres de qualquer idade que não tenham muita vontade de representar autoridade. Aqueles que nos pareceram atuar de maneira mais confortável em termos práticos nessas instituições são pessoas de alta capacitação técnica. Se ficam descontentes, podem com facilidade transferir essa capacitação para outro lugar. Prestadores de serviços de computação, corretores da bolsa, editores e diretores de criação em publicidade enquadram-se nesse modelo.

Se as organizações de ponta constituem um caso especial, o mesmo se aplica a esses empregados. Meu colega Michael

Laskaway constatou, observando jovens empreendedores, que a sensação de conforto nas empresas de baixo grau de autoridade não dura muito. Aproximando-se a meia-idade, as hipotecas e as mensalidades escolares, aumenta a necessidade de estruturação e previsibilidade no trabalho. Paralelamente, o empregado passa a desejar a presença, hierarquicamente acima, de alguém que se mostre sensível às responsabilidades adultas do trabalhador.

O divórcio entre o poder e a autoridade torna-se problemático quando as instituições de ponta são transformadas em modelo para as instituições públicas. Os responsáveis pela reforma do Estado previdenciário na Grã-Bretanha e na Alemanha tomaram o modelo de alta centralização e autoridade diminuída como meta no estabelecimento dos benefícios a serem proporcionados; da mesma forma, os doentes e os velhos podem ser estigmatizados por demonstrarem carência. No terreno público, contudo, o poder concentrado associado à baixa autoridade torna-se um perigo para os que estão no poder. Em busca de legitimidade, eles podem recorrer ao próprio carisma; os reformadores carentes de carisma podem ser considerados arbitrários, e as instituições que evitam a responsabilidade são vistas, precisamente, como irresponsáveis.

Mais adiante neste capítulo, tentarei analisar a crise de legitimidade que se manifesta quando o novo modelo capitalista da empresa é aplicado ao terreno público. Por enquanto, quero ater-me à vida social da nova instituição econômica propriamente dita. As mudanças estruturais implicadas na eliminação da jaula de ferro da burocracia geram três déficits sociais.

Três déficits sociais

Os três déficits da mudança estrutural são baixo nível de lealdade institucional, diminuição da confiança informal entre os trabalhadores e enfraquecimento do conhecimento institucional. Cada um deles individualmente é perfeitamente tangível na vida dos trabalhadores comuns. E se relacionam à maneira de uma ferramenta intelectual algo abstrata.

Esta ferramenta é chamada de capital social pela sociologia — e, como costuma acontecer com os sociólogos, não estamos de acordo sobre o que significa. Uma escola, representada por Robert Putnam, define o capital social em termos do envolvimento voluntário das pessoas nas organizações sociais e cívicas.[15] Outra, representada por Alejandro Portes e Harrison White, concentra-se nas redes — na família, na educação e no trabalho. Enquanto Putnam dá ênfase à *disposição* de se envolver, Portes e White avaliam o capital social estudando até que ponto as pessoas estão *efetivamente envolvidas* de forma ampla e profunda em redes, seja por vontade própria, seja por necessidade.[16] Minha avaliação do capital social, mais próxima de Portes e White que de Putnam, dá ênfase ao *julgamento* que as pessoas fazem de seu próprio envolvimento. Em minha opinião, o capital social é baixo quando as pessoas consideram que seu envolvimento é de baixa qualidade, e alto quando acreditam que seus vínculos são de boa qualidade.

Nesta versão do capital social, a lealdade é um teste fundamental. As organizações militares têm um alto capital social, evidenciado quando pessoas se dispõem a sacrificar a vida por lealdade à instituição ou ao conjunto de soldados de um exército. No extremo oposto estão as instituições de ponta da sociedade civil, que suscitam graus extremamente baixos de lealdade. E o motivo não é difícil de encontrar. Se o empregador nos diz que temos de agir por conta própria, que a instituição não nos ajudará quando precisarmos, por que haveríamos de nos sentir muito leais em relação a ela? A lealdade é um relacionamento participativo; nenhum planejamento de negócios, por mais belo e lógico que seja, será capaz de conquistar por si só a lealdade daqueles aos quais é imposto, pelo simples motivo de que os empregados não participaram de sua gestação.

Na recente maré baixa econômica, as empresas aprenderam as conseqüências práticas dos baixos níveis de lealdade. O *boom* permitira às companhias usar a Internet para buscar as melhores ofertas, tratando-se de fornecedores e prestadores de serviço; quando iam bem, os negócios podiam efetivamente ser conduzidos como se fossem transações de curto prazo, e não relacionamentos de longo prazo. Durante o *boom*, os gurus empresariais haviam anunciado com uma ponta de orgulho que "a lealdade morreu", devendo cada empregado mostrar toda a sua energia e comportar-se como um empreendedor.[17] Quando os negócios entraram em baixa, contudo, as empresas passaram a precisar de fornecedores e prestadores para ampliar o crédito e registrar as dívidas nos livros contábeis — mas por que haveria alguém de assumir tais problemas? Não se havia desenvolvido uma rede de lealdade mútua. O mesmo quanto aos empregados.

Agora que o ciclo dos negócios entrava em baixa, as empresas precisavam que os empregados fizessem sacrifícios, aceitando cortes salariais ou de benefícios. O setor da aviação comercial nos Estados Unidos e na Grã-Bretanha constituiu um dos exemplos básicos, seguido pelos setores das comunicações e da tecnologia. Mas os empregados reagiram. A British Airways, por exemplo, quase falida, enfrentava freqüentes greves selvagens de empregados do atendimento que não estavam se importando se o barco afundasse. Mesmo quando outros empregados agiam, na prática, pensando em salvar seus empregos, pouco se empenhavam pela sobrevivência das empresas.

A lealdade é um ingrediente necessário para sobreviver aos ciclos dos negócios; o baixo nível de capital social tem mais conseqüências práticas para as empresas na luta contra os predadores. Para os próprios empregados, os déficits de lealdade exacerbam o estresse, especialmente, como pudemos constatar, o que decorre do excesso de horas de trabalho. O dia de trabalho prolongado e intenso pode parecer sem propósito; a pressão torna-se antes depressiva que estimulante. "O horário prolongado não me faz bem nenhum", dizia-me um publicitário, "e pouco estou me lixando para esta empresa, de modo que não tem sentido nenhum." Este sentimento é detalhado em recentes estudos de larga escala efetuados entre empregados britânicos que trabalham mais de dez horas por dia. Nas empresas de baixo capital social, a pressão adquire vida própria e se torna embotadora, e os empregados que a ela estão submetidos nesses termos têm muito mais probabilidade de tornar-se alcoólatras, divorciar-se ou ter problemas de saúde que os indivíduos que trabalham mais de dez horas por dia em empresas com alto grau de lealdade.

O segundo déficit social, menos óbvio que o da baixa lealdade, diz respeito à confiança. A confiança pode assumir duas formas, formal e informal. A confiança formal significa que uma das partes adere a um contrato na crença de que a outra honrará seus termos. A confiança informal implica saber em quem podemos confiar, especialmente quando o grupo está sob

A *cultura do novo capitalismo* • 65

pressão: quem desmoronará? quem saberá aproveitar a oportunidade? A confiança informal leva tempo. Numa equipe ou numa rede, as pequenas dicas de comportamento e caráter vão aparecendo aos poucos; a máscara com que nos apresentamos aos outros geralmente oculta o grau de confiabilidade que demonstraremos numa crise. Nas burocracias voltadas para o curto prazo, falta muitas vezes o tempo para desenvolver essa compreensão dos outros. Numa equipe montada há seis meses, é muito mais difícil prever como as pessoas poderão comportar-se sob pressão que numa rede com vida útil de anos.

Pude verificar o valor e a deficiência da confiança informal em dois acidentes industriais separados por trinta anos. No primeiro, numa fábrica ao velho estilo, irrompeu um incêndio, e verificou-se que o circuito de mangueiras de incêndio estava defeituoso. Os operários da linha de montagem se conheciam suficientemente para saber como distribuir as tarefas de urgência. Os gerentes berravam ordens, mas ninguém lhes dava atenção naquela emergência; os riscos para a fábrica logo foram controlados por uma sólida rede informal. Trinta anos mais tarde, eu estava numa fábrica do Vale do Silício quando o sistema de refrigeração começou a sugar em vez de expelir gases nocivos, um desastre nada previsível num prédio de alta tecnologia. As equipes de trabalho não se coadunaram. Muitos empregados correram em pânico para as saídas, enquanto outros, mais corajosos, não sabiam como se organizar. No fim das contas, os gerentes, muitos dos quais reagiram bem, perceberam que aquela fábrica onde trabalhavam 3.200 pessoas estava, no dizer de um deles, apenas "superficialmente organizada no papel".

Formas mais comuns de pressão no trabalho podem gerar um déficit de confiança informal. Os empreendimentos que precisam reagir com rapidez a mudanças na demanda dos consumidores freqüentemente diminuem a confiança informal, já que o pessoal das equipes de trabalho precisa estar mudando com freqüência. A reengenharia corporativa de uma instituição, trate-se de uma empresa ou de uma agência governamental, também pode reduzir drasticamente a confiança informal, pois a reorganização das relações pessoais vem abruptamente de cima e do exterior.

O baixo nível de confiança informal é um déficit organizacional, mais que uma simples questão de caráter pessoal, na medida em que gira em torno da organização do tempo. Neste terreno, uma prática maligna do antigo mundo do trabalho transferiu-se para o novo. Ao realizarem seus estudos sobre tempo e movimentação, Taylor e outros estudiosos supostamente científicos das questões do trabalho centravam-se num tempo miniaturizado, ou seja, buscavam entender o quanto poderia ser feito no menor decurso de tempo possível. Raramente se davam ao trabalho de estudar os meses ou anos de vida da organização, talvez porque davam por certa a durabilidade da empresa. Já agora não se pode partir desse pressuposto, e no entanto o foco continua centrado na microgestão do tempo. Para os empregados dessas empresas voláteis, o fato de não conhecer os outros trabalhadores só pode aumentar a ansiedade; essas firmas, não obstante a ênfase nos aspectos superficiais da cooperação, são mais impessoais e opacas que as instituições nas quais os indivíduos fazem longas carreiras juntamente com outros, que passam a conhecer bem. O resultado são redes que facilmente se desintegram.

O terceiro déficit social diz respeito à debilitação do conhecimento institucional. Um dos vícios da antiga pirâmide buro-

A *cultura do novo capitalismo* • 67

crática era a rigidez, com seus departamentos fixos, o pessoal sabedor do que era exatamente esperado de sua parte. Mas a virtude da pirâmide era o acúmulo de conhecimento sobre as maneiras de funcionamento do sistema, o que significava também saber quando observar exceções às regras ou providenciar acertos em reação aos comandos. Tal como nos exércitos, também nas grandes burocracias civis a capacidade de manipular o sistema pode tornar-se uma forma de arte. Não raro, aqueles que dispõem de maior volume de conhecimento institucional desse tipo ocupam posições inferiores na hierarquia corporativa. Nas fábricas, esse maior volume está mais nas mãos dos intendentes da linha de montagem que de seus chefes de colarinho branco; nos escritórios, o conhecimento institucional está de posse das secretárias e dos assistentes pessoais, e nos hospitais é bem sabido que as enfermeiras são mais competentes em termos burocráticos que os médicos que acompanham. Este tipo de conhecimento institucional complementa a confiança informal; com o tempo e o acúmulo de experiências, o burocrata aprende a azeitar as rodas da burocracia.

E, no entanto, no processo de reforma das pirâmides burocráticas, esses funcionários de baixo escalão freqüentemente são os primeiros a perder o emprego. Os responsáveis pela gerência imaginam que a tecnologia informatizada é capaz de substituí-los, mas o fato é que a maioria dos programas empresariais de computação mais aplica que adapta as normas. É possível, em conseqüência, que ocorram os "efeitos de deriva" identificados pelo analista de sistemas Claudio Ciborra e por ele explicados com um caso de aplicação de um programa organizacional, Lotus Notes, a quatro empresas diferentes. Na Zeta Corporation, que não substituiu empregados pelo programa, os resultados

68 · *Richard Sennett*

foram positivos, pois os empregados dispunham de uma nova ferramenta de partilha de conhecimentos. Na Unilever, onde o programa veio a substituir equipes de baixo escalão, verificou-se uma excessiva formalização; na Telecom, que passou por processo semelhante de reengenharia, manifestou-se ausência de partilha de conhecimentos, e na EDF, uma "rivalidade interfuncional". No caso positivo, sustenta Ciborra, o conhecimento institucional aumentou graças à aplicação do computador, ao passo que, nos casos negativos, diminuiu porque seus suportes humanos foram eliminados.[18]

Os novos sistemas de informação sempre prometem maior eficiência numa organização — o que parece particularmente interessante para os consultores, carentes daquele tipo de conhecimento institucional que se acumula com o tempo. Mas se trata na verdade de uma promessa ingênua. As máquinas não são em si mesmas o inimigo; um programa como Lotus Notes pode efetivamente aumentar em muito o conhecimento da organização, se o controle e a adaptação foram confiados aos usuários habituais. Na maior parte dos processos de reengenharia, contudo, é cada vez maior a tendência para limitar o acesso à reconfiguração, confinando-se o controle do programa aos escalões superiores da instituição.

· · ·

Esses três déficits sociais — de lealdade, confiança informal e informação para a adaptação — não constituem novidade para muitos gerentes. O especialista jurídico Mark Roe sustenta que a raiz do problema está "na separação entre controle e propriedade"; trata-se, para ele, de um problema enraizado nas pró-

A *cultura do novo capitalismo* • 69

prias dimensões das empresas, sejam ao velho estilo piramidal ou ao novo estilo MP3. Ao gerente não é permitido assumir efetivamente responsabilidades de longo prazo pela empresa; as regras do poder estão nas mãos de investidores impacientes.[19] O gerente eficaz quer estabelecer parâmetros de lealdade, confiança e conhecimento institucional no interior da empresa, o que requer tempo. A maioria dos gerentes conscientes, em minha experiência, dá testemunho deste conflito, sob esta forma. O que está faltando nesta versão do capital social inferior, muitas vezes, é também saber *quem* constrói o capital social numa empresa; o capital social é construído de baixo para cima. Como qualquer cultura, a cultura de uma firma depende da maneira como as pessoas comuns entendem a instituição, e não da explicação determinada pelos que estão no topo. Nas instituições muito peculiares do capitalismo de ponta, os decretos são baixados e reformulados com rapidez, constantemente; entre os trabalhadores comuns, o campo de interpretação recua, tornando-se cada vez mais árduo o processo de interpretação, para conferir sentido a essas organizações camaleônicas.

Para os que estão no controle das instituições, o problema mais difícil para incutir o sentimento da inclusão social está na questão da identidade de trabalho.

Entender a si mesmo

Muito tempo atrás, em seu livro *A divisão do trabalho*, Emile Durkheim entendeu a enorme importância que os indivíduos conferem à capacidade de se incluírem em categorias específicas. Em regra geral, a identidade não é tanto uma questão do que fazemos, e sim do lugar a que nos integramos. Na década de 1970, parecia-me claro que o trabalho tinha enorme importância para homens da classe operária que eu entrevistava, pelo que representava como fonte de honra na família e na comunidade, independentemente das satisfações que determinado emprego pudesse proporcionar por si mesmo. Vale dizer: a identidade de trabalho se encontrava nas conseqüências sociais de sua atividade. Para as mulheres da classe operária que estavam no mercado de trabalho, parecia-me então, já não importava tanto a dignidade conferida pelo trabalho. E, para os trabalhadores de classe média, o conteúdo de um emprego parecia ter mais importância do que para os que se encontravam abaixo na escala social. Retrospectivamente, percebo que me equivoquei tanto no quesito classe quanto no quesito gênero. Equivoquei-me naquele momento, e o tempo encarregou-se desde então de esclarecer as coisas.

De fato, muitas operárias entravam e saíam da força de trabalho esporadicamente, para contribuir para a renda doméstica, e para essas mulheres o trabalho não passava de um instrumento. Outras, no entanto, trabalhavam em caráter permanente, e para elas o trabalho tinha, da mesma maneira que para os homens, uma perspectiva familiar e comunitária. Uma das razões do meu equívoco foi apontada por Claire Siegelbaum: as mulheres da classe operária tendiam a não compartilhar com os maridos o sentimento da importância de seu trabalho, pois isto iria de encontro aos papéis sexuais dentro da família.

Equivoquei-me também quanto ao investimento dos homens de classe média na substância de seu trabalho. Certos estudos do início da década de 1980 demonstraram que havia pouca diferença entre os trabalhadores braçais e os trabalha-

A *cultura do novo capitalismo* • 71

dores de colarinho branco, no que diz respeito ao desejo de satisfação no emprego. A antigüidade e os títulos eram tão importantes para as pessoas que trabalhavam com papéis quanto para as que trabalhavam com as mãos.[20] Eu confundira o mundo da classe média, como um todo, com o mundo da elite profissional. O que entendi com acuidade foi a importância das próprias organizações. As pirâmides tinham identidades relativamente claras e estáveis, o que era importante para o senso de identidade dos trabalhadores. As empresas bem administradas proporcionavam orgulho, ao passo que as mal administradas ofereciam pelo menos uma orientação: o indivíduo acabava se entendendo melhor em relação às frustrações ou à raiva vivenciada numa realidade social *centrada* fora dele mesmo.

Tanto nos Estados Unidos quanto na Grã-Bretanha, as burocracias do trabalho fixo tinham outro significado para trabalhadores negros e imigrantes: essas instituições funcionavam como uma nota promissória para a inclusão social. Nos Estados Unidos, o trabalhador negro que conquistava direitos de antigüidade apoderava-se de uma arma importante, do ponto de vista pessoal, contra a velha fórmula: os últimos (a serem contratados) serão os primeiros (a serem demitidos). Em ambos os países, trabalhar para o governo, especialmente, significava que negros e imigrantes conquistavam um *status* oficial. Há uma geração, afirmava-se às vezes, em termos mais gerais, que os imigrantes têm um senso menos marcado da identidade do trabalho que aqueles que estão tranqüilamente abrigados no interior do sistema jurídico ou da cultura dominante; nos EUA, costumava-se dizer que os negros americanos do sexo masculino careciam de uma ética do trabalho. Hoje sabemos que isto está completamente errado: a pesquisa de William Julius

Wilson e colegas demonstrou que o acesso ao trabalho seguro constituía já então e continua a constituir a principal meta de vida dos negros de poucas posses do sexo masculino.[21]

O advento de uma nova forma burocrática não aboliu estatisticamente grande quantidade de empregos inclusivos, tampouco foi erodida a identidade do trabalho do tipo antigo. Como em gerações anteriores, o valor atribuído pela maioria das pessoas ao seu próprio trabalho depende de seus resultados na família e na comunidade. Pode-se dizer que o que foi perturbado pela vida nas circunstâncias especiais do trabalho em condições de ponta, na cultura como um todo, foi o prestígio moral da estabilidade do trabalho. Foi o que a socióloga Kathleen Newman observou nos níveis mais baixos do trabalho fluido, o reino dos chamados McEmpregos — fritar hambúrgueres ou atender em lojas. O acesso a esse tipo de trabalho remunerado é um fator positivo para jovens sem habilitação especial, mas eles ficam preocupados quando só conseguem ascender lentamente; o trabalho fica parecendo um beco sem saída, mesmo quando está na realidade abrindo uma porta.[22] Essa impaciência reflete uma mudança no sistema de valores da cultura como um todo, conferindo prestígio moral cada vez menor à estabilidade como tal. Ligeiramente acima na escala ocupacional, o trabalho na burocracia governamental veio a ser infectado pela mesma mácula, de tal maneira que muitos empregos braçais na área de serviços deixaram de ser atraentes para muitos jovens. Trata-se de um setor — atendimento de doentes, manutenção em escolas e transporte — que é cada vez mais entregue aos trabalhadores imigrados, que dão mais valor à estabilidade e a suas recompensas do que à caracterização cultural do trabalho propriamente dito.

A *cultura do novo capitalismo* • 73

Na classe média, a questão do prestígio moral é mais transparente. Na formação de jovens para carreiras no mundo dos negócios, dá-se ênfase à aceitação de riscos; é cada vez maior o percentual de jovens que atendem a esse apelo, em detrimento de carreiras no ensino ou de outros empregos no serviço público. Não quero dar a impressão de estar reduzindo a crise de recrutamento no setor público a uma simples questão de valores; salários e condições de emprego também desempenham um papel importante. O papel da cultura consiste em reduzir a crença do jovem no caráter desse trabalho, a crença de que seria possível conquistar o respeito da sociedade trabalhando como burocrata.

Se o risco se tivesse tornado um valor predominante, caberia esperar que os trabalhadores temporários e outros que flutuam abaixo da elite de ponta no mesmo tempo fluido de trabalho desfrutassem de um *status* melhorado. Como pude constatar ao fazer a pesquisa para *A corrosão do caráter*, os trabalhadores temporários com freqüência consideram satisfatórios os primeiros anos do trabalho flutuante. Como condição de caráter mais permanente, no entanto, acham frustrante este tipo de trabalho. Querem que alguém os queira em caráter permanente; passa a ser mais importante participar de uma estrutura social do que dispor de mobilidade pessoal. O que reflete o mesmo problema vivenciado na passagem de jovem e desapegado empreendedor para empreendedor de meia-idade com uma hipoteca a honrar. O prestígio moral do trabalho de ponta é um talismã do sucesso difícil de praticar como projeto de vida, para as pessoas que estão abaixo dos níveis da elite. Neste sentido, as condições de tempo contidas no trabalho de ponta convergem com aquela que é talvez a mais famosa formulação moderna da identidade de trabalho como valor moral, a da *Ética protestante* de Weber.

A máquina do tempo que propulsiona a ética protestante é a gratificação postergada no presente em nome das metas de longo prazo. Weber considerava que essa máquina do tempo era o segredo da jaula de ferro, tratando os indivíduos de se emparedar em instituições fixas porque esperavam uma recompensa futura. A gratificação postergada possibilita a autodisciplina; dotamo-nos de uma carapaça de aço para trabalhar, sentindo-nos infelizes ou não, porque estamos voltados para essa recompensa futura. Essa versão altamente personalizada do prestígio do trabalho precisa de um certo tipo de instituição para merecer crédito; deve ser suficientemente estável para proporcionar a recompensa futura, e seus gestores precisam estar a postos para testemunhar nosso desempenho.

O novo paradigma zomba da gratificação postergada como princípio de autodisciplina; faltam aquelas condições sociais. Nos últimos anos, a volta da roda econômica tem ressaltado isso fortemente. A maré baixa contribuiu para clarificar e tornar mais nítido um fenômeno que não era tão bem percebido durante o *boom*: quando as coisas ficam difíceis, os indivíduos que estão no alto da escala dispõem de maior margem de manobra e adaptação do que os que estão embaixo; nas empresas que enfrentam problemas, a rede gerencial é mais densa e rica, permitindo que os que estão acima escapem com maior facilidade. A conseqüência disso é que as testemunhas da recompensa, como o deus esquivo de Nietzsche, desapareceram do cenário burocrático. Nos setores da alta tecnologia, das finanças e das comunicações, esta porta giratória gerencial significa que o trabalhador constante e dotado de autodisciplina perdeu seu público.

A *cultura do novo capitalismo* • 75

O problema da gratificação postergada torna-se ainda mais amplamente problemático, na América do Norte e em toda a Europa, porque muitos fundos privados de pensão faliram, e os sistemas governamentais de pensões estão em risco. Economizar para o futuro, a essência da ética protestante, é um projeto viciado pela debilidade dessas estruturas, que já não constituem mais refúgios de segurança.

A erosão da ética protestante talvez seja mais aguda no terreno do planejamento estratégico pessoal. Meu colega Michael Laskaway concluiu recentemente um estudo comparando o planejamento de carreira de jovens adultos na década de 1970 e hoje em dia.[23] Ambos os grupos têm educação universitária e são ambiciosos; a diferença que chama a atenção entre os dois está na maneira como focalizam suas ambições. O grupo da geração anterior pensava em termos de ganhos estratégicos de longo prazo, ao passo que o grupo contemporâneo pensa em termos de perspectivas imediatas. A um exame mais atento, o grupo mais antigo era capaz de verbalizar metas, ao passo que o grupo contemporâneo encontrava dificuldade para manusear uma linguagem que fosse ao encontro de seus impulsos. Em particular, o grupo mais antigo era capaz de definir suas eventuais gratificações, ao passo que o grupo contemporâneo lidava com desejos mais amorfos.

Essa descoberta não deveria surpreender-nos. Na década de 1970, pensar em narrativas estratégicas estava de acordo com a maneira como eram encaradas as instituições; para um jovem ambicioso, esse tipo de raciocínio não está de acordo com a maneira como as instituições de ponta aparecem hoje em dia. A questão é o modelo: mesmo quando entram em pirâmides de trabalho relativamente fixas, os jovens têm como referência o modelo fluido, voltado para o presente, evocando mais possibilidade que progresso.

Aqui, a classe é tudo. Uma pessoa de origem privilegiada pode se dar ao luxo da confusão estratégica, o que não acontece com um filho das massas. Oportunidades casuais podem oferecer-se ao filho do privilégio em virtude do meio familiar e das redes educacionais; o privilégio diminui a necessidade de traçar estratégias. Redes humanas amplas e fortes permitem que aqueles que estão no alto da escala lidem com o presente; as redes constituem uma rede de segurança que diminui a necessidade de planejamento estratégico de longo prazo. Assim é que a nova elite não precisa tanto da ética da gratificação postergada, pois pode contar com contatos e um senso de integração, graças às densas redes de que dispõe, qualquer que seja a empresa ou organização para a qual se trabalhe. A massa, no entanto, dispõe de uma rede mais rala de contatos e apoios informais, permanecendo, portanto, mais dependente das instituições. Costuma-se dizer que a nova tecnologia pode de certa forma corrigir esta desigualdade, servindo as salas de bate-papo e os grupos de afinidade da Internet para que os jovens se apoderem da informação necessária para aproveitar as oportunidades. No mundo do trabalho, pelo menos por enquanto, não é o que acontece. O contato pessoal é importante. Por isso é que os especialistas técnicos comparecem a tantas convenções, e também, de forma mais conseqüente, que as pessoas que trabalham em casa, ligadas ao escritório apenas pelo computador, tantas vezes ficam de fora dos processos decisórios informais.

De maneira geral, quanto mais baixo estivermos na escala da organização e mais rala for nossa rede, mais precisaremos do pensamento estratégico para sobreviver, e o pensamento estratégico exige um mapa social legível.

• • •

Uma forma de resumir a questão até aqui desenvolvida: a erosão do capitalismo social gerou uma nova formulação da desigualdade. A tese da nova página sustenta que a mudança libertaria as pessoas da jaula de ferro. A velha estrutura institucional efetivamente foi desmontada no terreno especial das organizações flexíveis. Em seu lugar, entra numa nova geografia do poder, passando o centro a controlar a periferia do poder em instituições com número cada vez menor de camadas intermediárias de burocracia. Esta nova forma de poder evita a autoridade institucional e tem um baixo nível de capital social. Os déficits de lealdade, confiança informal e conhecimento institucional acumulado geram organizações de ponta. Para os indivíduos, embora continue sendo importante poder trabalhar, o prestígio moral do trabalho propriamente dito foi transformado; o trabalho nos setores de ponta desorienta dois elementos-chave da ética do trabalho, a gratificação postergada e o pensamento estratégico de longo prazo.

Dessa maneira, o social foi minorado; o capitalismo permanece. A desigualdade torna-se cada vez mais vinculada ao isolamento. Esta peculiar transformação é que foi adotada pelos políticos como modelo de "reforma" no setor público.

78 · *Richard Sennett*

Notas

1. Karl Marx e Friedrich Engels, *The Communist Manifesto* [*O manifesto comunista*, São Paulo, Paz e Terra, 1999] (Oxford: Oxford University Press, 1998), p. 6.

2. Joseph Schumpeter, *Capitalism, Socialism and Democracy* (Nova York: Harper, 1975), p. 82-85.

3. Socio-Economic Security Programme, *Economic Security for a Better World* (Genebra: Organização Internacional do Trabalho, 2004).

4. Leslie Sklair, *Globalization: Capitalism and its Alternatives* (Oxford: Oxford University Press, 2002).

5. Max Weber, *Economy and Society* [*Economia e sociedade*, Brasília, Editora da UnB, 1991], (Berkeley: University of California Press, 1978), 2:1156.

6. Robert H. Wiebe, *The Search for Order* (Nova York: Hill and Wang, 1967).

7. George Soros, *A crise do capitalismo global* (Rio de Janeiro: Campus, 2001).

8. Max Weber, *The Protestant Ethic and The Spirit of Capitalism* [*A ética protestante e o "espírito" do capitalismo*, São Paulo, Companhia das Letras, 2004] (Londres: Routledge, 2001), p. 123.

9. Richard Sennett, *The Corrosion of Character* [*A corrosão do caráter*, Rio de Janeiro, Record, 1999] (Nova York: Norton, 1998), p. 122-130.

10. Richard Sennett, *Respect* [*Respeito: A formação do caráter em um mundo desigual*, Rio de Janeiro, Record, 2004] (Nova York: Norton, 2003), p. 200-204.

11. Saskia Sassen, *The Mobility of Labor and Capital: a Study in International Investment and Labor Flow* (Cambridge: Cambridge University Press, 1998).

12. Robert H. Frank, *The Winner-Take-All-Society: How More and More Americans Compete for Ever Fewer and Bigger Prizes, Encouraging Economic Waste, Income Inequality, and Impoverished Cultural Life* (Nova York: Free Press, 1995).

13. Georgina Born, *Uncertain Choice* (Londres: Secker and Warburg, 2004), cf. p. 212-253.

14. Richard Sennett, *Autoridade* (Rio de Janeiro: Record, 2001).

15. Robert D. Putnam, *Bowling Alone: The Collapse and Revival of American Community* (Nova York: Simon and Schuster, 2000).

16. Harrison C. White, *Markets from Networks: Socio-Economic Models of Production* (Princeton: Princeton University Press, 2002).

A *cultura do novo capitalismo* • 79

17. Richard Sennett, *A corrosão do caráter*.
18. Claudio Ciborra, *The Labyrinths of Information* (Oxford: Oxford University Press, 2002), p. 85-90.
19. Cf. Mark Roe, *The Inevitable Instability of American Corporate Governance*, documento acadêmico, Faculdade de Direito de Harvard, 2004.
20. Devo essas correções aos colegas Judy Wajcman e Robert Howard.
21. Cf. William Julius Wilson, *When Work Disappears* (Nova York: Knopf, 1996).
22. Richard Sennett, *A corrosão do caráter*; Katherine Newman, *No Shame in my Game, The Working Poor in the Inner City* (Nova York: Knopf, 1999).
23. Michael Laskawy, *Uncommitted: Contemporary Work and the Search for Self, a Qualitative Study of 28-34 Year-Old College Educated Americans* (Tese de doutorado, Universidade de Nova York, 2004).

CAPÍTULO DOIS

O talento e o fantasma da inutilidade

Uma das imagens marcantes da Grande Depressão da década de 1930 eram as fotografias de homens amontoados em frente aos portões de fábricas fechadas, esperando trabalho apesar da evidência que tinham diante dos olhos. Essas fotografias ainda perturbam porque o fantasma da inutilidade não teve fim; seu contexto mudou. É grande nas economias ricas da América do Norte, da Europa e do Japão a quantidade de pessoas que querem trabalho mas não o encontram.

Na Grande Depressão, os indivíduos acreditavam num remédio pessoal para a inutilidade que transcendia qualquer panacéia governamental: seus filhos teriam uma educação e uma capacitação especial capazes de fazer com que os jovens fossem sempre necessários, estivessem sempre empregados. Hoje, igualmente, é esta a armadura que as pessoas buscam, mas também aqui o contexto mudou. Na "sociedade das capacitações", muitos dos que estão enfrentando o desemprego receberam uma educação e uma capacitação, mas o trabalho que buscam migrou para lugares do planeta em que a mão-de-obra especializada é mais barata. De modo que são necessárias capacitações de natureza muito diferente.

Nas páginas que se seguem, pretendo explorar a maneira como o fantasma da inutilidade tem a ver com a solução da educação e da formação, a *Bildung* de uma pessoa, como dizem os alemães. Para estabelecer essa relação, será necessário fazer certas perguntas básicas: Que significa capacitação, ou, de maneira mais abrangente, talento? Como pode o fato de uma pessoa ser talentosa traduzir-se em valor econômico? Essas questões abarcam temas de economia, psicologia e sociologia; seu alcance é tão grande que não posso aqui pretender encontrar respostas, apenas esclarecer problemas.

O fantasma da inutilidade assumiu sua primeira forma moderna no desenvolvimento das cidades, cujos migrantes já não tinham terras para trabalhar sob os pés. Os indivíduos transferiam-se para as cidades na qualidade de refugiados agrícolas desapossados, na esperança de que as fábricas mecanizadas pudessem provê-los. Mas o fato é que em Londres, em 1840, para tomar um exemplo representativo, havia disponibilidade de seis trabalhadores do sexo masculino para cada emprego fabril não-especializado. David Ricardo e Thomas Malthus foram os primeiros teóricos modernos da inutilidade, examinando o primeiro a maneira como os mercados e as máquinas industriais reduziam a necessidade de mão-de-obra, enquanto o segundo sopesava as conseqüências perversas do crescimento populacional. Nenhum dos dois descortinava que os cérebros pudessem ser um remédio para o excesso de oferta de mãos. No início da era industrial, pouquíssimos trabalhadores tinham acesso à educação superior; a mobilidade para cima era rara. Nem mesmo os mais esclarecidos reformadores acreditavam que as massas

A cultura do novo capitalismo • 83

pudessem capacitar-se de forma útil no trabalho. Como Adam Smith antes e John Ruskin depois, Malthus encarava o trabalho nas fábricas como um embotador cerebral. Desse modo, à medida que as cidades se iam agigantando, a inutilidade passava a ser encarada como uma conseqüência necessária, ainda que trágica, do crescimento. Uma das verdadeiras conquistas da sociedade moderna consistiu em acabar com a oposição entre *mental* e *de massa*. As instituições educacionais melhoraram os padrões de alfabetização numa escala que os vitorianos jamais poderiam ter imaginado. Típico da era da Depressão, o sonho de um menino — ou, raramente, uma menina — pobre e talentoso tornando-se um médico ou advogado já parece hoje em dia um sonho por assim dizer rotineiro. Estimativas aproximadas estabelecem a mobilidade para cima entre os filhos de trabalhadores não-especializados, permitindo-lhes ascender à baixa classe média, em cerca de 20% na Grã-Bretanha e nos Estados Unidos, cerca de 15% na Alemanha e cerca de 30% na China — nem tanto assim, ainda mais com a contrapartida da mobilidade para baixo, mas muito mais que no início da era industrial.

Essas inegáveis conquistas servem apenas para enunciar o postulado inicial de Ricardo de uma forma mais dolorosa. A economia das capacitações continua deixando a maioria para trás; o que é pior, o sistema educacional gera grande quantidade de jovens formados mas impossíveis de empregar, pelo menos nos terrenos para os quais foram treinados. Em sua forma moderna, o postulado de Ricardo é que a sociedade das capacitações talvez precise apenas de uma quantidade relativamente pequena dos educados dotados de talento, especialmente nos setores de ponta das altas finanças, da tecnologia avançada e dos serviços sofisticados. A máquina econômica pode ser capaz de funcionar de maneira eficiente e lucrativa contando apenas com uma elite cada vez menor.

O fantasma da inutilidade

São três as forças que configuram a moderna ameaça do fantasma da inutilidade: a oferta global de mão-de-obra, a automação e a gestão do envelhecimento. Cada uma delas não é exatamente o que poderia parecer à primeira vista.

Sempre que aparecem na imprensa histórias assustadoras sobre a drenagem de empregos dos países ricos para os pobres, por causa da oferta global de mão-de-obra, a questão costuma ser apresentada como um "mergulho no precipício" simplesmente em termos salariais. O capitalismo supostamente vai em busca de mão-de-obra onde quer que ela seja mais barata. Mas a história não é bem assim. Entra em funcionamento igualmente uma espécie de seleção cultural, de tal maneira que os empregos abandonam países de salários altos como os Estados Unidos e a Alemanha mas migram para economias de salários baixos dotadas de trabalhadores capacitados e às vezes mesmo superpreparados.

Os centros de telemarketing da Índia são um bom exemplo. Os empregos nesses centros são preenchidos por pessoas no mínimo bilíngües; e elas aperfeiçoaram sua capacitação lingüística de tal maneira que o cliente não fica sabendo se se formaram em Hartford ou Bombaim. Muitos trabalhadores de centros de telemarketing fizeram dois ou mais anos de estudos universitários; além disso, foram muito bem treinados no emprego. Nos

A *cultura do novo capitalismo* • 85

centros de telemarketing da Índia, a ênfase é no "aprendizado extensivo", que consiste em dispor de tanta informação que será possível responder rapidamente à maioria das perguntas imagináveis, facilitando a rápida sucessão das chamadas. Esses centros também fornecem a seus empregados treinamento em "capacitação de recursos humanos", de tal maneira que, por exemplo, um cliente atordoado jamais perceberá sinais de impaciência do outro lado da linha. Os trabalhadores indianos são mais bem-educados e treinados que os empregados de serviços de telemarketing do Ocidente (exceto os da Irlanda e da Alemanha, onde os padrões se aproximam do indiano). Os salários por esse trabalho são simplesmente abomináveis, considerando-se que são pagos a pessoas altamente capacitadas.

O mesmo fenômeno manifesta-se de certa maneira em determinados empregos industriais que migraram para o Sul do planeta. Um exemplo eloqüente, aqui, são as fábricas de submontagem de automóveis na fronteira norte do México. As pessoas que ali executam formas extremamente rotineiras de trabalho são muitas vezes mecânicos altamente capacitados que deixaram oficinas menores para trabalhar na linha de montagem. Ao norte da fronteira, trabalhadores da linha de montagem das *maquiladoras* mexicanas talvez pudessem trabalhar como chefes ou subchefes de turma.

A mais temível imagem do mergulho econômico no precipício é a de crianças que deixam suas casas e escolas para trabalhar nas fabriquetas de pesada exploração humana do Sul do planeta. Essa imagem não é falsa, mas incompleta. O mercado de trabalho também busca talentos baratos. Para os empregadores, o apelo dos trabalhadores superqualificados é igual no Sul do planeta e no mundo mais desenvolvido. Esses trabalhadores mais capacitados revelam-se úteis na solução de problemas, especialmente quando algo sai errado nas rotinas de trabalho.

Por sua vez, as pessoas que preenchem esses empregos muitas vezes são cheias de iniciativa. Nas *maquiladoras* mexicanas, os trabalhadores das linhas de montagem podem, depois de alguns anos de trabalho com salários fixos, abrir uma linha de crédito que lhes permite obter empréstimos nos bancos para abrir um pequeno negócio. O incentivo dos créditos não tem a mesma força na Índia, onde o principal estímulo vem a ser a terceirização empreendedora. Nos centros indianos de telemarketing, muitos trabalhadores, depois de treinados, abriram pequenos negócios que terceirizam serviços de telemarketing para grandes empresas estrangeiras.

Naturalmente, é importante ter isso sempre em mente. Assim como o grosso dos empregos no Sul do planeta é ocupado por trabalhadores agrícolas desapossados, assim também a esperança de se tornar um pequeno empresário continuará sendo apenas uma esperança para muitos — embora na última década a quantidade de *start-ups* de pequenos negócios tenha aumentado quase exponencialmente na Índia, no México, na China e na Indonésia. O que é preciso frisar é que este não é o mundo descrito por Ricardo. Essas pessoas não podem ser classificadas simplesmente como vítimas, pois participam do sistema e nele estão envolvidas.

Estou frisando isso por causa das conseqüências em casa. Esses trabalhadores desfrutam de um *status* mais elevado que seus correspondentes no Norte do planeta, ainda que sejam menos bem pagos. Neles, a convergência de motivação e treinamento, configurando o seu *Bildung*, constitui um atrativo es-

A *cultura do novo capitalismo* • 87

pecial para os empregadores. Em casa, as pessoas que estão perdendo teriam de incrementar seu capital humano para competir, mas são poucas as que podem fazê-lo; incapazes de competir com esses equivalentes estrangeiros, elas enfrentam a eventualidade de não mais ser necessárias. Aqui, o fantasma da inutilidade se sobrepõe ao medo dos estrangeiros, o qual, por baixo da camada de puro e simples preconceito étnico ou racial, está impregnado da angústia de que os estrangeiros estejam mais bem equipados para as tarefas da sobrevivência. Esta angústia tem uma certa fundamentação na realidade. A *globalização* designa, entre outras coisas, a percepção de que as fontes da energia humana estão sendo transferidas e que, em conseqüência, podem ficar de fora os que estão no mundo já desenvolvido.

O segundo fantasma da inutilidade ronda na área da automação. O medo de que as máquinas substituam os seres humanos é antigo. O surgimento dos primeiros teares movidos a vapor provocou a revolta de tecelões franceses e britânicos; pelo fim do século XIX, tornara-se dolorosamente evidente para muitos trabalhadores metalúrgicos que as máquinas passariam a desempenhar as tarefas mais complexas de seu trabalho, ficando os homens reduzidos às mais rotineiras, remuneradas com salários baixos. No passado, contudo, a ameaça da automação era exageradamente dramatizada.

O problema está na concepção e no desenvolvimento das próprias máquinas. Vou dar um exemplo pessoal. Meu avô, um desenhista industrial, trabalhou durante dezesseis anos (de 1925 a 1941) no protótipo de um braço robotizado capaz de manipulações em escala de um milímetro: os mecanismos e roldanas necessários para essa máquina de alta tecnologia custavam uma fortuna, e o próprio braço robotizado exigia constantes adaptações. Depois de gastar uma fortuna com meu avô, seu empregador decidiu que dedos humanos bem treinados saíam mais barato. Esta história haveria de repetir-se em todo o campo do desenho industrial. As únicas economias verdadeiras proporcionadas pela autêntica automação — na qual todo ou quase todo o processo de produção ocorre através de máquinas — verificavam-se nas indústrias pesadas e de produção em larga escala que fabricavam produtos como cabos elétricos e tubos metálicos.

Graças à revolução na informática e na microeletrônica, o braço robotizado de meu avô pode hoje ser concebido com rapidez e eficiência numa tela; os microprocessadores tomam o lugar dos mecanismos e alavancas vulneráveis e complicados por ele concebidos. Na prestação de serviços, a automação transformou a ficção científica do passado em realidade tecnológica. Estou pensando nos dispositivos inteligentes de ativação de voz — a ameaça automatizada aos serviços de telemarketing — ou nos leitores de códigos de barra, que vêm revolucionando a contabilidade de empresas, a gestão de estoques e as operações de venda. Além disso, a eletrônica permite a automação do controle de qualidade — com a substituição do olho humano pelo maior rigor do sensor a *laser*.

Os fabricantes empregam essas tecnologias de uma forma especial. A automação permite que os fabricantes não só reajam com rapidez às mudanças na demanda, pois as máquinas podem ser rapidamente reconfiguradas, como executem rápidas mudanças de orientação quando a demanda se modifica, com isso mantendo baixos os estoques.

A *cultura do novo capitalismo* • 89

Hoje, a automação efetivamente proporciona ganhos de produtividade e economias em mão-de-obra. Eis aqui dois exemplos: entre 1998 e 2002, a Sprint Corporation aumentou a produtividade em 15%, utilizando avançados programas de computação de reconhecimento de voz, e elevou sua renda em 4,3%, ao mesmo tempo em que diminuía em 11.500 trabalhadores sua folha de pagamento ao longo desses quatro anos. Na indústria pesada, entre 1982 e 2002 a produção de aço nos Estados Unidos aumentou de 75 milhões de toneladas para 102 milhões de toneladas, embora o número de operários metalúrgicos caísse de 289.000 para 74.000. Esses empregos não foram exportados; em sua maioria, foram substituídos por máquinas sofisticadas.[1]

O que significa que os operários modernos finalmente estão enfrentando o fantasma da inutilidade automatizada.

No passado, quando pensavam na automação, os sociólogos acreditavam que seria possível criar empregos mais próximos do colarinho branco e da prestação de serviços humanos quando os pares de mãos fossem substituídos por máquinas. Essa crença informava a tese "pós-industrial" proposta por Daniel Bell e Alain Touraine.[2] O conceito de turnos fazia sentido, considerando-se o estado das máquinas cinqüenta anos atrás; em termos práticos, essas máquinas só eram úteis em tarefas mecânicas. As máquinas de que hoje dispomos são capazes de poupar trabalho em todos os terrenos: a eliminação de empregos na Sprint ocorreu no setor de serviços humanos.

Que máquinas são essas? No meado do século XVIII, quando o relojoeiro Jacques de Vaucanson fabricou um flautista mecânico, o que mais parecia maravilhoso no robô era sua *semelhança* com um ser humano vivo. Bem no espírito de Vaucanson, boa

90 · *Richard Sennett*

parte da tecnologia de automação de nossa época continua voltada para a imitação da voz humana ou da cabeça humana — esta última, em câmeras "inteligentes" de vigilância que giram sobre o eixo para focalizar qualquer coisa que pareça estranha a seus "olhos". Mas outras tecnologias não imitam seres humanos, particularmente as tecnologias de computação, capazes de calcular em velocidades que não estariam ao alcance de pessoa alguma. Assim, não é exata a imagem da substituição de um par de mãos por uma máquina: como observou o analista do trabalho Jeremy Rifkin, o reino da inutilidade se vai expandindo à medida que as máquinas passam a fazer coisas de valor econômico de que os seres humanos não são capazes.

Tanto a migração planetária de empregos quanto a verdadeira automação constituem casos especiais que afetam parte da mão-de-obra, mas não toda. O envelhecimento determina uma área muito mais abrangente da inutilidade. Todo mundo envelhece, e, debilitados, todos nos tornamos em algum momento inúteis, no sentido de improdutivos. Na economia moderna, contudo, a idade como critério de medida da inutilidade é nuançada de duas maneiras.

A primeira se dá através de puro e simples preconceito. No início da década de 1990, quando entrevistei profissionais de publicidade, meus interlocutores se mostravam preocupados com a eventualidade de já terem "dobrado o cabo" ao completarem trinta anos de idade, e de já estarem "fora do jogo" aos quarenta. A organização de ponta efetivamente tende a tratar os empregados mais velhos como pessoas acomodadas, lentas, com pouca energia. Na publicidade e nas comunicações, o preconceito contra a idade converge com certos pontos de vista em matéria de gênero: as mulheres de meia-idade costumam ser

A cultura do novo capitalismo • 91

particularmente estigmatizadas como carentes de vigor; este duplo preconceito também se manifesta nos serviços financeiros.

O preconceito com a idade expressa um evidente paradoxo. A moderna medicina permite-nos viver e trabalhar por mais tempo que no passado. Em 1950, fazia sentido estabelecer a idade da aposentadoria aos 55 ou sessenta anos porque em média o trabalhador do sexo masculino provavelmente viveria apenas até setenta e poucos anos. Hoje, 50% dos americanos do sexo masculino passam dos oitenta anos de idade, e a maioria vive com saúde ainda passados os setenta. Quando a idade da aposentadoria continua obedecendo aos padrões antigos, os homens passam quinze a vinte anos em que poderiam estar empregados de maneira produtiva, mas não estão. Esta "consumpção" diz respeito mais apropriadamente ao caráter do trabalho que à condição física do trabalhador. Em termos fisiológicos, um homem de meia-idade poderia perfeitamente trabalhar como operador financeiro global 12 horas por dia — desde que não tivesse preocupações de família ou externas.

A idade afeta mais diretamente a questão do talento se pensarmos na duração de uma capacitação. No caso de um engenheiro, por quanto tempo poderão ser-lhe úteis as capacitações que adquiriu na universidade? Cada vez menos. A "extinção de capacitações" acelerou-se não só no trabalho de ordem técnica, mas também na medicina, no direito e em várias outras profissões. No caso dos técnicos de computação, estima-se que precisam reaprender suas técnicas três vezes ao longo da vida profissional; o mesmo se aplica aos médicos. Ou seja, quando adquirimos uma capacitação, não significa que dispomos de um bem durável.

Neste ponto, a economia do mercado de trabalho se intromete de forma particularmente destrutiva. O empregador pode optar entre voltar a treinar um homem de cinqüenta anos, para atualizá-lo, ou contratar um jovem de 25 anos cheio de gás. Sai muito mais barato contratar o jovem cheio de gás — porque o empregado mais velho terá um piso salarial mais alto e porque os programas de retreinamento de empregados são operações onerosas.

Existe ainda um outro ardil social nesse processo de substituição. Os empregados mais velhos tendem a ser mais senhores de si e críticos dos empregadores que os colegas mais jovens. Nos programas de retreinamento, os trabalhadores mais velhos comportam-se como outros estudantes maduros, julgando o valor da capacitação oferecida e a maneira como é transmitida à luz de sua própria experiência de vida. O trabalhador experiente complica o significado daquilo que aprende, avaliando-o de acordo com seu próprio passado. O jovem turco, em contrapartida, é um estereótipo falsificado por muitos estudos sobre os próprios jovens trabalhadores: carentes de experiência ou de posição numa empresa, eles tendem a se comportar de maneira prudente, e quando não gostam das condições no emprego, mais provavelmente saem do que resistem, o que é possível porque os jovens trazem menos bagagem familiar e comunitária. Nas empresas, portanto, a idade representa uma importante diferença entre as situações a que o economista Albert Hirschmann se refere como de "saída" e de "voz". Os trabalhadores jovens, mais flexíveis, preferem sair quando estão insatisfeitos; os mais velhos, mais críticos, dão voz a sua insatisfação.

Embora Hirschmann enxergue esta linha divisória em todas as empresas, ela é relevante sobretudo para os que estão nos

A *cultura do novo capitalismo* • 93

setores de ponta, impacientes como são essas empresas com manifestações de desconfiança e cautelosa introspecção na corporação. Como as empresas flexíveis esperam que os empregados estejam sempre em movimento, e como essas firmas não recompensam serviços prestados e longevidade, a escolha do empregador é clara. O indivíduo mais jovem ao mesmo tempo sai mais barato e causa menos problema. As muitas empresas que efetivamente investem na capacitação dos empregados a longo prazo costumam ser organizações de tipo mais tradicional. Hirschmann considera que esse tipo de investimento pode ser feito particularmente por empresas que vêem na lealdade um bem corporativo.

Nas empresas que efetivamente abandonam as estruturas do capitalismo social, a conseqüência pessoal de privilegiar o talento jovem está em que, à medida que aumenta a experiência, ele perde o valor. Pude constatar em minhas entrevistas que este menosprezo da experiência mostrava-se particularmente acentuado entre os consultores, que têm interesse profissional em pensar dessa maneira. Seu trabalho em instituições que estão mudando exige que desconfiem dos empregados há muito encastelados em suas posições, cujo conhecimento institucional acumulado parece uma barreira para as mudanças rápidas. Naturalmente, nem todos os consultores são iguais; boa parte do trabalho realizado atualmente pelo Boston Consulting Group, por exemplo, reconhece o vínculo indestrutível entre experiência e capacitação. Na década de 1990, no entanto, o efeito do *boom* foi legitimar formas mais superficiais e pontuais de consultoria, corporificadas na intervenção na BBC descrita por Georgina Born. Nessa investida, passou-se a definir "capacitação" como a capacidade de fazer algo novo, em vez de depender do que já se havia aprendido. A súbita mudança na engenharia das consultorias depende de um elemento-chave da auto-imagem idealizada da nova economia: a capacidade de abrir mão, de desistir da posse de uma realidade estabelecida. A fórmula segundo a qual a experiência vai perdendo valor à medida que aumenta tem uma realidade mais profunda na economia mais depurada dos dias de hoje. A extinção de capacitações é uma característica permanente do avanço tecnológico. A automação é indiferente à experiência. As forças do mercado continuam a fazer com que seja mais barato comprar novas capacitações do que pagar pelo retreinamento. E a sangria de trabalhadores capacitados no Sul do planeta não pode ser detida pelo trabalhador do Norte simplesmente invocando sua experiência.

Combinadas, essas condições conferem ao fantasma da inutilidade, hoje em dia, uma sólida substância nas vidas de muitos indivíduos. O puro e simples mantra da "capacitação" não pode por si só equacioná-las. Antes de procurar entender que tipo específico de capacitação poderia fazê-lo, devo estender este apanhado econômico à esfera pública.

• • •

O fantasma da inutilidade representa um desafio para o Estado previdenciário — o Estado entendido como provedor de benefícios aos necessitados. Que poderá ele oferecer aos que são postos de lado?

O histórico do fim do século XX nesse sentido não é bom. Mesmo em países como a Grã-Bretanha e a Alemanha, que dispõem de programas de retreinamento profissional de boa qualidade, revelou-se difícil curar o desemprego resultante da automação. Os planejadores não perceberam que a automação poderia alterar fundamentalmente a própria natureza do processo produtivo. Na indústria siderúrgica, por exemplo, as mesmas forças que compactaram a fundição reduziram as equipes burocráticas. E não foi só o governo que se eximiu ante a enormidade do custeio dessa transformação; os sindicatos relutaram em reavaliar toda a questão, antes dando prioridade à proteção dos empregos que ao delineamento da futura força de trabalho. O negociador trabalhista americano Theodore Kheel, fundador da Automation House, falava como um profeta no deserto ao tentar demonstrar aos governos ocidentais que o único "remédio" para a verdadeira automação seria transformar em empregos remunerados atividades até então não-remuneradas, como cuidar de crianças e prestar serviços comunitários.

O Estado previdenciário não se mostrou menos incapaz no trato da questão da idade. O desenvolvimento no século XX de sistemas de saúde e aposentadoria financiados em caráter público pode ser entendido como uma forma de redistribuição de renda, transferindo benefícios das gerações mais novas para as mais velhas. Hoje, a longevidade cada vez maior dos indivíduos mais velhos compromete esta redistribuição de renda, assim como a queda da natalidade nas sociedades desenvolvidas, de tal maneira que diminui o número de trabalhadores que contribuem para o sistema. No que diz respeito aos planos de saúde, os mais velhos hoje em dia ficam com a parte do leão no consumo dos recursos médicos. Embora seja justo, o sistema tornou-se financeiramente insustentável, como todos sabemos.

Neste atoleiro, o *ethos* do novo capitalismo em matéria de idade passa a desempenhar um papel primordial, minimizando a legitimidade dos necessitados. Recentes pesquisas realizadas entre jovens trabalhadores constataram que eles não gostam de estar pagando pelos mais velhos, e apesar de minha idade, posso entender o que sentem. Os jovens não foram convidados a votar sobre redistribuição de renda.

Certas atitudes culturais têm impedido, em última análise, que o setor público enfrente a questão do fantasma da inutilidade. O "novo homem" se orgulha de fugir de qualquer forma de dependência, e os reformadores do Estado previdenciário tomaram esta atitude como modelo — tornando-se cada um seu próprio consultor médico e gestor de fundo de pensão. Em termos práticos, tal como acontece no setor privado, isso diminui a responsabilidade pública. Mas também tangencia uma verdade dura. A inutilidade gera dependência; a insuficiência dá origem à necessidade de ajuda.

Os entrevistados mais ansiosos com que pesquisadores como Kathleen Newman e eu nos temos defrontado são homens de classe média e de meia-idade que, apartados da antiga cultura corporativa, têm dificuldade de encontrar seu lugar na nova. É importante não sentimentalizar sua condição, para entender seus problemas. São poucos os entrevistados nos quais Newman e eu pudemos constatar sentimentos de autocomiseração. Quando se estabelecem como consultores individuais, como fazem muitos deles, tratam de explorar com decisão as oportunidades que se apresentam; a maioria não se exime de enfrentar o "medo de cair", na formulação de Newman. Em suas comunidades, no entanto, esses homens marginalizados tornam-se invisíveis. Outros passam a evitar fazer-lhes perguntas demais, com medo de levantar a questão da inutilidade. "Os amigos conversam sobre esportes e crianças com a gente, mas evitam os negócios", dizia-me um programador de informática de meia-idade. Quando esses homens marginalizados tentam usar a rede de contatos que cultivaram em suas antigas empresas, "é como se ninguém te conhecesse", observou um outro. O silêncio que cerca sua marginalidade assinala o maior tabu social dos Estados Unidos, o fracasso, nosso tema proibido.

A maioria das pessoas que entrevistamos sabe que precisa de ajuda, mas não sabe que forma essa ajuda pode assumir. De fato, as instituições públicas não estão preparadas para lidar com os que enfrentam o problema da mobilidade para baixo. O Estado previdenciário atende aos que estão no desemprego absoluto, mas esses homens tendem a girar na esfera do subemprego, não sendo por isso levados em consideração. A marginalidade em forma de subemprego ou semi-emprego suscita questões de recursos humanos que escapam aos cálculos estatísticos, embora o fenômeno seja perfeitamente real: estima-se que nos Estados Unidos cerca de um quinto dos homens na faixa dos cinqüenta estejam subempregados. Não existem dados sobre as mulheres nessa faixa etária, mas, considerando-se os preconceitos em relação às mulheres no trabalho de maneira geral, e às trabalhadoras de meia-idade em particular, o subemprego no caso delas certamente não será menor.

A questão do subemprego fala de um problema mais geral. Os debates públicos sobre a política previdenciária tendem a recorrer a uma retórica da abjeção, com referências a vidas inteiras perdidas e coisas do gênero; a maneira mais simples de reformar consiste em estabelecer um acentuado contraste entre dependência e independência. Mas a inutilidade e a margi-

98 · *Richard Sennett*

nalidade têm muitas nuances de cinza. Ao eliminá-las, o Estado se esquiva à problemática questão do apoio aos relativamente necessitados, aos de alguma forma dependentes. As políticas para enfrentar essas questões problemáticas teriam de ser muito mais sofisticadas e depuradas que atualmente. Para colocar a questão em termos abstratos, o Estado previdenciário pode simplificar a própria vida tratando a dependência, a marginalidade e a necessidade como valores absolutos.

No fim deste livro, pretendo tratar das maneiras como o setor público poderia realmente enfrentar as ambigüidades da inutilidade. Para preparar o terreno neste sentido, devo aqui elaborar mais claramente dois termos-chave na definição dos talentos individuais: perícia e meritocracia.

Perícia e meritocracia

Perícia é uma palavra aplicada quase sempre a trabalhadores manuais, denotando a busca da qualidade na fabricação de um violino, de um relógio ou de um vaso. Mas é uma visão muito estreita. Também existe a perícia mental, como no caso do esforço para escrever com clareza; e a perícia social poderia ser encontrada no cultivo de um casamento viável. Uma definição abrangente de perícia seria: fazer algo bem-feito simplesmente por fazer. A autodisciplina e a autocrítica estão presentes em todos os terrenos da perícia; os padrões devem ser observados, e a busca da qualidade também se torna um fim em si mesmo.

A perícia é algo que dá ênfase à objetificação. Quando Nicolò Amati fazia um violino, não estava se expressando através do violino. Simplesmente fazia um violino. Quaisquer que fossem seus sentimentos, ele se investia naquele objeto, julgando seu próprio desempenho pelo fato de aquele objeto ter sido bem-feito ou não. Não precisamos saber se Amati estava deprimido ou feliz enquanto trabalhava; o que nos importa é o entalhe de suas aberturas acústicas e a beleza de seu verniz. É isso que significa objetificação: algo que é feito por sua própria importância.

Esse espírito de objetificação é capaz de proporcionar orgulho pelo trabalho feito até mesmo a trabalhadores aparentemente não-capacitados e de baixo nível. A título de exemplo, minha aluna Bonnie Dill realizou na década de 1970 um estudo sobre faxineiras do Harlem — mulheres negras mal remuneradas e não raro submetidas a abusos por seus empregadores brancos do centro da cidade. No fim das contas, essas mulheres conseguiam resgatar fragmentos de auto-estima por terem limpado bem uma casa, embora raramente alguém lhes agradecesse por isso.[3] A casa estava limpa. Na mesma época, fiz um estudo sobre padeiros em Boston, e numa padaria de propriedade de uma família, na qual a maioria dos membros mais jovens eram tratados rispidamente e excessivamente pressionados por pais e tios, os resultados obtidos nas primeiras horas da manhã também resgatavam o orgulho de alguns dos afetados: o pão estava bom.[4] Embora seja importante não romantizar o consolo que vem embutido na perícia, também é importante entender as conseqüências de fazer alguma coisa bem-feita simplesmente por fazê-lo. A mestria tem o seu valor, numa medida que é ao mesmo tempo concreta e impessoal: o que é bem-feito é bem-feito.

Vista desta maneira, a perícia não parece ter muito a ver com as instituições do capitalismo flexível. O problema está na última parte de nossa definição — fazer alguma coisa simplesmente por fazer. Quanto mais sabemos como fazer alguma coisa bemfeita, mais nos preocupamos com ela. Todavia, as instituições baseadas em transações de curto prazo e tarefas que estão constantemente sendo alteradas não propiciam esse aprofundamento. Na realidade, a organização pode mesmo temê-lo; neste terreno, a palavra-chave da gerência é *travado*. Uma pessoa que mergulha fundo em determinada atividade simplesmente para fazer bem-feito pode parecer aos outros que está travada, no sentido de que está fixada naquela coisa — e a obsessão é, com efeito, necessária para a perícia. Ela está no pólo oposto do consultor, constantemente entrando aqui e ali, sem nunca se estabelecer. Além disso, é preciso tempo para aprofundar uma capacitação em qualquer terreno. São necessários geralmente três ou quatro anos para um jovem profissional recém-saído da universidade entender o que realmente tem utilidade nas matérias que estudou. Aprofundar a habilidade através da prática é algo que vai de encontro às instituições que precisam de indivíduos que façam muitas coisas diferentes de improviso. Embora as organizações flexíveis precisem de gente inteligente, enfrentam problemas quando elas passam a se comprometer com a perícia.

Deparei-me com um bom exemplo desse conflito ao retomar contato com um grupo de programadores que entrevistara certa vez numa empresa de programas de computação de grande porte. Os programadores queixavam-se da prática da empresa de pôr no mercado *softwares* incompletos, em versões que eram então "corrigidas" por pressão de queixas e reclamações dos consumidores. Apesar de profundamente avessos a sindicatos, esses programadores tomavam a frente de um mo-

A *cultura do novo capitalismo* • 101

vimento profissional informal para exigir que a empresa abrisse mão dessa prática altamente lucrativa mas que implicava baixa qualidade. Eles queriam ter tempo para construir adequadamente os programas; só podiam sentir-se bem em seu trabalho se realizassem aquela tarefa de maneira adequada, pelo prazer de fazer a coisa bem-feita.

A meritocracia apresenta um problema diferente para a organização flexível. Para entender os significados dessa palavra, precisamos voltar muito no tempo.

Quando a herança e a sucessão eram os fatos dominantes da vida para os europeus, não poderia haver um conceito de meritocracia tal como o entendemos: o de recompensar uma pessoa pelo trabalho que executa. As pessoas herdavam então cargos na Igreja ou na instituição militar, exatamente como herdavam terras. O que significa que as posições eram posses. O que por sua vez significava que seria uma feliz coincidência se acontecesse de um bispo ser efetivamente religioso, o que, no entanto, não era uma qualificação necessária para a função. Mais grave ainda era que, em exércitos e marinhas nos quais os oficiais herdavam suas patentes, um comandante incompetente não podia ser demitido do cargo, por mais sofrimento que causasse; ele lhe pertencia.

A herança não eliminou totalmente o valor atribuído à habilidade; pelo contrário, a posição ocupada por alguém na vida e sua competência constituíam mundos sociais paralelos. Foi o artista do Renascimento o primeiro a se empenhar em lançar uma ponte entre as duas coisas. Michelangelo exigia que seus patronos se submetessem a seu gênio — e o gênio era a única coisa que lhe conferia *status*. A *Autobiografia* de Benvenuto Cellini mostra como essa exigência começou a modificar as instituições. Na juventude, Cellini entrou para a guilda dos ourives, uma corporação de elite na qual muitos outros pintores do Renascimento começaram sua carreira. Para entrar nessa guilda, eram necessários quase sempre títulos de hereditariedade, mas não em caráter exclusivo; nela, só era possível avançar quando alguém morresse ou se aposentasse. Cellini (1500-71) pegou atalhos, dando saltos no percurso tradicional, consumido pela ambição pessoal e artística. E acusava de corrupção outras guildas e instituições que não recompensavam exclusivamente o talento.

Nessa acusação, encontramos uma nova e moderna ressonância: a equiparação do talento com o mérito. A habilidade traz em seu bojo uma espécie de prestígio moral. É uma questão tanto social quanto pessoal. A perícia adapta-se facilmente ao contexto da guilda medieval, na medida em que tanto o aprendiz quanto o mestre podiam tentar fazer uma coisa bemfeita, no espírito da arte pela arte. Mas agora o talento servia para medir um novo tipo de desigualdade social: algo que fosse *criativo* ou *inteligente* significava para os outros *superior*, referindo-se a uma pessoa de maior valor. Aqui estava a passagem da perícia para a meritocracia.

A moderna meritocracia tomou forma quando as instituições começaram a se estruturar com base nesse tipo de desigualdade. Uma das maneiras de datar o seu surgimento está na carreira de Samuel Pepys, um britânico de classe média que veio a ser, na década de 1660, um dos primeiros funcionários a fazer carreira no governo pelo fato de ser inteligente; Pepys era bom especialmente em somar e subtrair. No Almirantado, trabalhou no aprovisionamento da esquadra; e precisava avaliar, por exemplo, quantas balas de canhão e que quantidade de sal embarcar

A *cultura do novo capitalismo* • 103

nos navios. Alegava que merecia esse cargo por sua habilidade em matemática, levando a melhor sobre o conde de Shrewsbury, cuja tia era sobrinha do monarca reinante. Na pessoa de Pepys, Cellini entrava por assim dizer pelos portões da burocracia. Foi na organização militar que o conceito de uma carreira aberta ao talento primeiro avançou. Como a pirâmide burocrática, a instituição militar abria caminho para carreiras posteriores propícias ao talento nos negócios. Academias militares como a de St. Cyr, fundada no fim do século XVII, obrigavam os jovens oficiais a aprender as matemáticas que capacitam para a estratégia balística. As academias militares inovaram ao criar os primeiros testes de habilidade, uma inovação radical no século XVIII. Tanto em St. Cyr quanto nas academias militares prussianas, esses testes eram incorruptíveis, pois as pessoas a eles submetidas eram identificadas por números, e não pelo nome; emitia-se uma avaliação impessoal sobre o conteúdo do cérebro de uma pessoa. Assim, esses testes permitiam uma avaliação relativamente objetiva da capacidade do indivíduo, certamente mais objetiva que as amizades ou o grau de parentesco.

Desse modo, as instituições militares não só descobriram o talento como *objetificaram o fracasso*: os burros eram eliminados, fosse qual fosse a sua família. Esse fator negativo era de certa maneira ainda mais importante que o positivo. Já agora era possível avaliar algo profundamente no interior de um indivíduo, mediante um procedimento burocrático, punindo-o (e mais tarde também a mulheres) por falta de aptidão. As medidas absolutas em matéria de incompetência serviam para aumentar ainda mais o "mérito" dos que se saíam bem; o valor pessoal era determinado por um julgamento impessoal.

Naturalmente, a classe e o dinheiro continuavam contando; até o início do século XIX, em qualquer lugar da Europa um indivíduo rico podia comprar um cargo oficial — mas agora passara a existir o soldado profissional, dotado do prestígio especial do profissional. Com o tempo, as mesmas estruturas viriam a governar o desenvolvimento de outras profissões na sociedade civil, com o mesmo foco na emissão de um juízo: o direito, a medicina, a contabilidade e a educação acabariam seguindo o modelo militar. Os negócios vieram por último: a moderna escola de comércio e administração conclui a transformação iniciada em St. Cyr. Hoje, as empresas testam e avaliam obsessivamente os empregados, para que o talento seja recompensado e, mais decisivamente, o fracasso seja atestado e portanto legitimado.

A maioria dos argumentos em matéria de tratamento preferencial para determinadas categorias de pessoas na educação e no emprego, com base em critérios de raça ou classe, giram em torno do fato de a meritocracia ter tomado forma como uma avaliação impessoal dos indivíduos. Por um lado, a argumentação sustenta que a sociedade dominante discrimina contra grupos subordinados; por outro, essa sociedade dispõe das ferramentas técnicas para estabelecer quais os indivíduos que detêm a aptidão. O debate está mergulhado em critérios altamente pessoais de avaliação; a busca do talento não é um exercício meramente técnico. O mérito é uma categoria muito mais invasiva em termos pessoais que a competência.

O significado específico de *mérito* aparece num amplo levantamento realizado ao longo de várias décadas do meado do século XX pelo sociólogo americano Otis Dudley Duncan. Soli-

A cultura do novo capitalismo • 105

citando inicialmente a cidadãos americanos, e logo também a habitantes de outros países, que avaliassem o prestígio de diferentes ocupações, ele constatou uma curiosa uniformidade: profissionais como médicos, enfermeiros, professores e assistentes sociais eram mais admirados que executivos e corretores de bolsa, que ganhavam muitas vezes mais que os salários desses profissionais; o professor e a enfermeira também são muito mais admirados que os políticos, que vêm no fim da lista. O levantamento permitiu constatar também que os trabalhadores manuais bem capacitados, como eletricistas e carpinteiros, desfrutam de alto prestígio.

As razões dessa gradação são simples. Todos os trabalhadores que gozam de alto prestígio trazem em si uma aptidão bem desenvolvida, uma capacitação, seja mental ou manual, que independe das circunstâncias. Desconfio que se Duncan tivesse substituído "político" por "estadista" teria aumentado o prestígio da classe política, pois nesse caso a imagem refere-se a um projeto que transcende a manipulação e o próprio público. A pesquisa de Duncan ilustra a equiparação do prestígio ocupacional com a autonomia e o autodirecionamento, mais que com o dinheiro e o poder. No mundo do trabalho, o mérito é avaliado nesses termos.

Creio que Cellini teria entendido a fórmula mérito igual a autonomia. Teria compreendido que a meritocracia transforma o espírito de perícia numa comparação invejosa e altamente pessoal. Mas ficaria perplexo com a maquinaria burocrática que objetifica o mérito, com a burocratização do talento, que se manifestou no desenvolvimento da sociedade moderna. Essa maquinaria burocrática da meritocracia criou uma jaula de ferro para a aptidão, mas se trata na verdade de uma cela de confinamento solitário.

. . .

Para entender essa maquinaria, precisamos ter sempre em mente algo que parece óbvio, e também uma certa sutileza. O fato óbvio é que as avaliações de aptidão têm duas faces: servem ao mesmo tempo para destacar a aptidão e eliminar a incompetência ou a falta de aptidão. Este fato óbvio já parece mais um pouco problemático, contudo, se levamos em conta o capitalismo social tal como originalmente concebido por Bismarck. Suas instituições promoviam por mérito, mas também por antigüidade. A maquinaria tinha o objetivo de incluir as massas, fossem competentes ou não, desde que as massas contribuíssem com seu tempo e servissem à instituição.

Na sociedade moderna, especialmente em instituições dinâmicas, a busca do talento efetivamente funciona num contexto de inclusão social. Os mesmos testes, avaliações e datas importantes que recompensam os melhores servem de base para descartar outros, abaixo deste nível de elite. O caráter ambivalente da busca do talento fica patente quando as empresas se fundem ou quando uma delas opta por um processo de enxugamento. As burocracias costumam tentar legitimar a dispensa de camadas ou categorias de empregados alegando que permanecem apenas os mais capazes. Naturalmente, pode tratar-se aqui de uma ficção em causa própria, mas essas instituições são mesmo compelidas a justificar as mudanças impessoais, apressadas ou arbitrárias na base da dispensa de passivos mor-

A *cultura do novo capitalismo* • 107

tos ou outras formas altamente personalizadas de julgamento sobre quem deve permanecer ou não.

O sociólogo Pierre Bourdieu referia-se a esse relacionamento de duas faces como "distinção", sendo a massa *tacitamente* penalizada ou tornada inapta à medida que as instituições educativas, culturais e de trabalho conferem *explicitamente* o *status* de elite.[5] Para Bourdieu, a verdadeira finalidade da distinção é criar uma massa à sombra, voltando os holofotes para a elite. Em minha opinião, o que esses holofotes fazem é mostrar um cenário confuso. Temos aqui o aspecto sutil da busca do talento meritocrático — a focalização e a definição do talento propriamente dito.

Tratando-se de perícia, podemos avaliar o desempenho de alguém examinando os resultados concretos de seu trabalho. No caso dos trabalhadores descartados ou deslocados, esses resultados pelo menos tornam identificável o motivo de sua marginalização; a qualidade dos programas indianos de informática e dos bens manufaturados chineses é um fato sólido. Poderia parecer que a maquinaria de testes e avaliação funcional da meritocracia é igualmente sólida. Afinal de contas, as medidas são padronizadas, e com freqüência os números tomam o lugar dos nomes nos testes para garantir a objetividade. Na realidade, contudo, a maquinaria burocrática corre atrás de algo perfeitamente intangível; é possível quantificar os tipos de trabalho que parecem autônomos, por exemplo, mas não especificamente o que vem a ser um ato autônomo. Para ter perícia, é necessário assenhorear-se de determinado terreno do conhecimento e dominá-lo; essa nova versão do talento não é determinada ou definida pelo conteúdo. As empresas de ponta e as organizações flexíveis precisam de indivíduos capazes de aprender novas capacitações, em vez de se aferrarem a antigas competências. A organização dinâmica dá ênfase à aptidão de processar e interpretar conjuntos de informação e de práticas permanentemente em evolução.

No esquema da meritocracia, o processo de avaliação do talento tem portanto um núcleo macio, que diz respeito ao talento entendido de uma forma específica, como aptidão potencial. Em termos de trabalho, o "potencial" humano de uma pessoa define-se por sua capacidade de transitar de um tema a outro, de um problema a outro. A aptidão para se movimentar dessa maneira assemelha-se ao trabalho dos consultores, no sentido amplo. Mas a aptidão potencial já representa um corte cultural mais fundo; temos aqui uma medida de talento prejudicial.

Aptidão potencial

A palavra *potencial* representa um alerta vermelho para qualquer um que teve a infelicidade de entrar em contato com um grupinho que responde pelo nome de "movimento do potencial humano". Embora com demasiada freqüência não passe de uma versão das atividades de auto-ajuda e desenvolvimento pessoal, exortando os seguidores a descobrir seu verdadeiro eu oculto, o estudo do potencial humano começou de forma muito séria. Nos escritos de Abraham Maslow, por exemplo, o desenvolvimento humano era visto como uma perene negociação entre as capacidades genéticas de um indivíduo e sua experiência na sociedade; no lugar das idéias de Freud sobre impulsos e instintos, Maslow buscava uma compreensão mais plástica da forma do *self* no tempo.[6] Suas convicções sobre o desenvolvi-

A cultura do novo capitalismo • 109

mento contínuo surgem atualmente nas obras de Amartya Sen e Martha Nussbaum sobre as faculdades humanas.[7] Como Maslow, o geneticista Richard Lewontin considera que a biologia fornece um repertório de capacidades humanas que são utilizadas ou não ao longo de uma vida, de acordo com as circunstâncias.[8]

A busca das aptidões potenciais vem a ser um projeto necessário da idéia de meritocracia. Em virtude de preconceitos de raça, classe e gênero, a sociedade pode deixar de explorar os talentos de todos os seus membros, um esforço que deveria fazer. Temos aqui uma ambição mais profunda que o atendimento das necessidades de um tipo específico de instituição — o regime flexível. Em vez disso, equipara-se a descoberta da aptidão potencial à justiça.

Nos Estados Unidos, a idéia meritocrática está por trás da opção por um tipo específico de teste, os Scholastic Aptitude Tests (SATs) [Testes Escolásticos de Aptidão]. Tratando-se do sistema educacional americano, virou lugar-comum dizer que as escolas do país dão pouca ênfase a saber algo e muita ênfase a saber aprender. Inicialmente, contudo, o SAT não tinha o objetivo de privar o aprendizado de sua substância, mas de completar o projeto de "carreiras abertas ao talento". Nos anos posteriores à Segunda Guerra Mundial, aqueles que aplicavam os testes tentavam imaginar como descobrir o potencial de aprendizado em jovens provenientes de ambientes culturalmente carentes. Seu objetivo era restrito, recrutar uma nova elite de talentos brutos para universidades como Harvard.[9] O SAT escorava-se num antigo ideal americano, a crença manifestada por Thomas Jefferson numa "aristocracia natural", e para Jefferson certamente a busca do talento nada devia ter de ambivalente:

110 · *Richard Sennett*

ele acreditava que a idéia de uma aristocracia natural convinha perfeitamente às práticas da democracia.[10] Os próprios testes SAT começaram a transformar este velho ideal, enquadrando de uma nova forma a aptidão.

Podemos entender qual era a novidade comparando o SAT aos testes aplicados na academia militar de St. Cyr no meado do século XVIII. Em St. Cyr, o aluno era convidado, por exemplo, a fazer um cálculo utilizando uma equação de segundo grau, para em seguida explicar verbalmente como transcorreu o processo de cálculo. Nas seções sobre "Pátria", eram solicitadas em St. Cyr definições de lealdade, coragem e sacrifício. Os aplicadores davam a nota conforme considerassem que o aluno havia dado ou não a verdadeira resposta. Em outras palavras, tratava-se de testes para avaliar o que hoje chamaríamos de desempenho, exigindo, no caso das equações de segundo grau, a capacidade de traduzir números em palavras (o que não é nada fácil), e, em matéria de "Pátria", um suficiente grau de impregnação cultural para saber exatamente o que poderia ser considerado verdadeiro na mente dos examinadores. Eram poucas as surpresas nesses testes, sendo os alunos informados com grande antecedência dos conhecimentos que deveriam demonstrar.

O SAT presumia um indivíduo mais inocente. A faculdade podia ser isolada do desempenho defrontando-se o indivíduo com um problema a ser resolvido, tentando o teste minimizar qualquer treinamento matemático preexistente; o processo do raciocínio matemático ficava sob o microscópio. No terreno das palavras, o teste mais uma vez averigua o ato de pensar em palavras, e não de pensar pensamentos corretos. Nesse caso, o mundo mental é operacional, divorciando-se o processo do conteúdo.

A cultura do novo capitalismo • 111

A maneira como isso funciona pode ser exemplificada numa cartilha de preparação para o SAT, referente à parte aparentemente mais objetiva do teste, o significado das palavras. Aqui estão duas definições da palavra *incisivo* constantes dela:

> Depois da *incisiva* análise feita por Huntley, os corretores entraram imediatamente num verdadeiro frenesi de vendas.

> Por sua *incisiva* cobertura da prefeitura, Cheryl era uma séria candidata ao Prêmio Pulitzer.[11]

O que vêm a ser, no caso, um corretor e o Prêmio Pulitzer é algo tratado como elemento irrelevante do contexto cultural. Mas a aproximação dessas duas definições gera um enigma. Na primeira, o adolescente é convidado a presumir que os corretores são pessoas que agem na dependência de informações incisivas, e na segunda, que a informação incisiva suscita recompensas oficiais. Seriam então os corretores de bolsa como jurados de prêmios literários? Caso contrário, o que caracteriza a informação incisiva seria o fato de não ser anteriormente conhecida? Nesse caso, o sinônimo de *incisivo* devia ser *revelado*, e não *penetrante*, como recomendam em seguida os preparadores.

A única maneira prática de enfrentar as ambigüidades é não abusar delas. A resposta correta e objetiva está na superfície mental do adolescente. Ao explorar os significados, mergulhando fundo, corremos o risco de perder tempo e de nos sairmos mal no exame; é provavelmente o que aconteceria a alguém que tratasse o teste com um espírito de empenho e perícia. Nesse sentido, o exame é "mole" em seu próprio cerne — essa maneira puramente operacional de pensar exige superficialidade mental.

E, no entanto, exames como esse pretendem testar a aptidão *inata*. Supõe-se que a brilhante mocinha perdida num gueto de Chicago tem a capacidade de rápida e pronta reação; na sala de testes, sua capacidade interna deve aflorar, lançando por terra os grilhões da circunstância. Mas a idéia da aptidão inocente de experiência é uma ficção. Psicólogos como Howard Gardner questionaram ainda mais o tratamento desses dois tipos de atividades mentais — matemáticas e verbais — como formas de entendimento mais inatas que visuais ou auditivas: os arquitetos pensam em imagens, os músicos, em sons. Ainda mais fugidia é a inteligência emocional — perceber as intenções por trás de palavras, tato, empatia —, uma capacidade que afeta profundamente o desempenho prático no mundo. Acima de tudo, para entender o que significam todas as palavras, nós, aplicadores de testes ou alunos a eles submetidos, presumimos que dispõem de referentes.

A finalidade dessas objeções não é negar que exista a aptidão ou que haja diferenças entre as pessoas. O que acontece é que, na tentativa de consumar o projeto de definição de uma aristocracia natural, a vida mental dos seres humanos assumiu uma forma superficial e acanhada. Dessa busca foram excluídos a referência social, o raciocínio sensato e o entendimento emocional, assim como a crença e a verdade. Por uma perversa ironia, mais modernamente os aplicadores de testes vêm tentando eliminar de sua ação os parâmetros culturais, à medida que se vai tornando mais rala a aptidão inata que testam.

Poder-se-ia dizer em defesa — e é efetivamente o que fazem os aplicadores de testes de aptidão — que os processos de interpretação verbal e raciocínio matemático são as capacitações práticas de que uma jovem brilhante de um gueto urbano precisa para abrir caminho no mundo. Essa defesa, e na realidade a própria palavra *potencial* na expressão "aptidão potencial", tem uma relação especial com as práticas das instituições flexíveis. Essas instituições, como vimos, privilegiam a atividade mental exemplificada pelos consultores, movendo de situação para situação, de problema para problema, de equipe para equipe. Os próprios membros das equipes devem capacitar-se para o trabalho com processos, pois com o tempo haverão de movimentar-se no interior da organização. É necessário efetivamente um talento específico para esse tipo de trabalho. Falamos da capacidade de pensar de maneira prospectiva sobre o que poderia ser feito, mediante o rompimento do contexto e das referências — um trabalho de imaginação, quando bem-feito. Malfeita, no entanto, esta busca do talento reduz a referência à experiência e às cadeias de circunstâncias, evita as impressões dos sentidos, separa a análise da crença, ignora a aderência do apego emocional e penaliza o esforço de aprofundamento — um estado de existência em puro processo que o filósofo Zygmunt Bauman chama de "modernidade líquida".[12] O que vem a ser, pura e simplesmente, a condição social do trabalho nos setores de ponta.

Conhecimento e poder

A formulação da aptidão potencial leva-nos de volta à relação entre o talento e o fantasma da inutilidade, uma relação que já parece diferente depois de descrevermos o tipo de conhecimento que é útil, especialmente na economia dos setores de ponta.

O filósofo francês Michel Foucault foi na era moderna o grande analista das maneiras como o conhecimento possibilita certas formas de poder. Ele tinha em vista o desenvolvimento de um conhecimento cada vez mais denso e complexo que serviria aos interesses de um controle crescentemente completo sobre os indivíduos e os grupos; a título de exemplo, o desenvolvimento da psiquiatria estava, em sua visão, intimamente ligado à disseminação de instituições carcerárias.[13] O esquema foucaultiano não encara o conhecimento superficial como ferramenta de poder, e nesse sentido não converge exatamente com a maneira como a aptidão potencial é buscada e praticada na meritocracia moderna. Mas ele lançou luz sobre um fato fundamental da meritocracia: ela priva de poder a grande maioria daqueles que caem sob seu efeito.

Ao cunhar a palavra *meritocracia*, Michel Young pretendia dramatizar, pintar em cores fortes, uma sociedade na qual um pequeno número de indivíduos capacitados é capaz de controlar toda uma sociedade. Foucault pintou um quadro mais detalhado dessa dominação; a elite como que adivinharia os reais interesses da massa, fazendo-a crer que não entendia a si mesma, que era um intérprete inadequado de sua própria experiência de vida. Os testes de aptidão potencial mostram a que ponto um sistema de conhecimento pode adivinhar interesses alheios. Os julgamentos em matéria de aptidão potencial são muito mais pessoais que os julgamentos de desempenho. O desempenho combina com a individualidade circunstâncias sociais e econômicas, a fortuna e a sorte. A aptidão potencial focaliza apenas a individualidade. A afirmação "você não tem potencial" é muito mais devastadora que "você estragou tudo", representando

A *cultura do novo capitalismo* • 115

uma assertiva mais essencial sobre o que somos, dando a idéia da inutilidade num sentido mais profundo.

Exatamente por ser essa afirmação tão devastadora, as organizações empenhadas na constante busca interna de talentos evitam fazê-la abertamente. Os gerentes de pessoal geralmente abrandam o golpe falando das muitas habilidades que não são detectadas pelos testes nos seres humanos etc. etc. De maneira mais sutil, como acontece em certas empresas do setor financeiro em Londres, os julgamentos de aptidão potencial tendem a ser informais, pautando-se os responsáveis pela gestão não só pelos dados objetivos de desempenho, mas também por seus próprios instintos quanto ao potencial dos mais jovens; os bônus de fim de ano podem ser concedidos de maneira semelhante à antiga prática romana de adivinhar o futuro pelas entranhas de animais mortos. O incômodo de ser deixado para trás, de não ser recompensado, é mais forte nessas empresas que nos bancos de investimento, nos quais o bônus e as perspectivas futuras são simplesmente calculados pelos registros de desempenho.

Nas instituições que avaliam disfarçadamente a capacidade, e não o desempenho, ao mesmo tempo em que evitam a devastadora declaração "você não tem potencial", os destituídos de talento tornam-se invisíveis, simplesmente desaparecem. Também aqui, as organizações refletem o que os indivíduos podem ter vivenciado na escola, em etapas anteriores da vida. Os jovens considerados sem talento não se destacam como indivíduos, tornam-se um organismo coletivo, uma massa. Tal como entendida por Young, a meritocracia contorna o problema enfrentado pelos perdedores, a experiência da indiferença institu-

116 · *Richard Sennett*

cional uma vez avaliada a pessoa.[14] O problema é agravado, como demonstrou Gardner, pelo fato de que as buscas do talento não lançam longe sua rede, acompanhando as diferentes capacitações que poderiam ser encontradas nos mais diversos indivíduos; a busca da aptidão potencial tem um horizonte estreito.

A escola e o trabalho diferem num aspecto crucial, no que diz respeito ao processo. Em princípio, um estudante nada poderia fazer a respeito de sua capacidade inata, embora se saiba perfeitamente que é possível, com a devida orientação, melhorar consideravelmente os resultados na repetição de testes. No mundo do trabalho, pelo contrário, raramente se apresenta uma segunda oportunidade. Nas organizações flexíveis, os registros sobre os empregados constituem o trunfo fundamental da empresa. Ao estudar um desses registros, impressionou-me constatar a pouca freqüência com que o gerente de pessoal voltara a examinar com o tempo a pasta de casos individuais; em vez disso, as primeiras avaliações é que estabeleciam o padrão, sendo os aportes posteriores consultados apenas por uma questão de coerência; a tradução desses registros em formas numéricas utilizáveis pelos gerentes contribuía apenas para tornar ainda mais rígido o conteúdo desses documentos.

A crença de que foram avaliados injustamente, em muitos trabalhadores relegados ou impedidos de avançar, ilustra uma outra dimensão do poder de julgamento, uma dimensão que não se encaixa no esquema de Foucault. Pois o fato é que aqui, em minha opinião, os que foram descartados não raro interpretam corretamente a própria experiência: efetivamente não foram avaliados com justiça, com base em suas realizações. A sensação de não ter sido julgado com justiça decorre das maneiras

A *cultura do novo capitalismo* • 117

como as próprias empresas são geridas. Para entender por quê, caberia recordar certas características idealizadas do trabalhador na instituição de ponta.

Uma organização em que os conteúdos estão constantemente mudando requer mobilidade para resolver problemas; qualquer envolvimento profundo num problema seria contraproducente, pois os projetos terminam tão abruptamente quanto começaram. O analista de problemas que pode seguir em frente, cujo produto é a possibilidade, parece mais afinado com as instabilidades que governam o mercado global. A capacitação social exigida por uma organização flexível é a faculdade de trabalhar bem com outros em equipes de curta duração, mas não haverá tempo para conhecer os outros bem. Toda vez que a equipe se dissolve e o indivíduo entra para um novo grupo, o problema a ser resolvido é entrar em ação com a possível rapidez junto a esses novos colegas. "Posso trabalhar com qualquer um", eis a fórmula social da aptidão potencial. Não importa quem é a outra pessoa; nas empresas sempre em rápida mudança, não pode importar. A capacitação do indivíduo está na cooperação, quaisquer que sejam as circunstâncias.

Essas qualidades da individualidade ideal são uma fonte de angústia, pois *incapacitam* a massa dos trabalhadores. No trabalho, como já vimos, elas geram déficits sociais de lealdade e confiança informal, erodindo o valor da experiência acumulada. A isto, deveríamos já agora acrescentar o esvaziamento da aptidão, que não é apenas a tendência das organizações a descartar as realizações passadas ao olhar para o futuro.

Um dos aspectos essenciais da perícia é aprender como fazer alguma coisa bem. Até mesmo o aperfeiçoamento de tarefas aparentemente rotineiras depende de tentativa e erro; o trabalhador precisa ter liberdade de cometer erros, retomando sempre e sempre a tarefa. Vale dizer: quaisquer que sejam as aptidões inatas de uma pessoa, a capacitação só se desenvolve por etapas, irregularmente — na música, por exemplo, até uma criança prodígio só poderá tornar-se um artista maduro errando ocasionalmente e aprendendo com os erros. Numa instituição acelerada, contudo, o aprendizado tempo-intensivo torna-se difícil. A pressão para obter resultados rápidos é demasiado intensa; tal como nos testes educacionais, também no trabalho a angústia do tempo leva as pessoas a deslizar na superfície, em vez de mergulhar.

Sempre que alguém me fala da impossibilidade de mostrar aquilo de que é capaz, sinto que está se referindo simplesmente a esta sensação de ser impedido de desenvolver as próprias habilidades. A título de exemplo, os empregados burocráticos que entrevistei numa empresa de cuidados de saúde queixavam-se de serem obrigados a fazer um trabalho "sofrível" de contabilidade por causa das pressões; aqueles que trabalhavam com rapidez eram recompensados com promoções, mas, a um exame mais atento, as contas por eles processadas freqüentemente se revelavam uma bagunça. Nos centros de atendimento telefônico, os gerentes também torcem o nariz para os empregados que passam tempo demais ao telefone — mostrando-se, por exemplo, excessivamente atenciosos com clientes confusos que não se expressam com clareza. Quem já se dirigiu ao balcão de uma empresa de aviação de vôos baratos conhece o problema: a impaciência é institucionalizada.

Em princípio, qualquer empresa bem gerida devia desejar que os empregados aprendessem com os erros, admitindo um

A *cultura do novo capitalismo* • 119

certo grau de aprendizado por tentativa e erro. Na prática, não é o que fazem essas grandes empresas. A este respeito, com efeito, o tamanho da empresa faz a maior diferença: nas pequenas empresas de prestação de serviços (na faixa de menos de cem empregados), a sobrevivência está mais diretamente ligada à atenção com os clientes. Já naquela grande empresa de seguros médicos, a superficialidade revelou-se funcional; dedicar tempo demais ao ajuste das coisas não compensava. Nas empresas estudadas por mim e meus colegas, o resultado disso — talvez invisível para os frustrados clientes — era uma boa quantidade de empregados que também se sentiam frustrados.

• • •

Em suma, o fantasma material da inutilidade revela um pesado drama cultural. Como tornar-se importante e útil aos olhos dos outros? A maneira clássica é a perícia, desenvolvendo algum talento especial, alguma capacidade específica. A ética da perícia vem a ser desafiada, na cultura moderna, pela fórmula alternativa do valor.

Originalmente, a meritocracia buscava oferecer oportunidades a indivíduos dotados de excepcional aptidão — a "aristocracia natural" de Jefferson. Ela assumiria contornos éticos ao sustentar que essas pessoas mereciam a oportunidade; era uma questão de justiça assegurada a elas pela sociedade. No início, essa busca confrontava as elites umas com as outras, a aristocracia natural contra o privilégio herdado. Com o passar do tempo, a sociedade depurou a tecnologia de busca do talento original. Ao prospectar mais o crescimento potencial que as realizações passadas, a busca do talento adapta-se perfeitamente

120 · *Richard Sennett*

às condições peculiares das organizações flexíveis. Tais organizações usam os mesmos instrumentos para uma finalidade mais ampla: não só promover mas também eliminar os indivíduos. As comparações odiosas entre as pessoas tornam-se profundamente pessoais. Nessa seleção de talentos, são deixados no limbo os considerados carentes de recursos internos. Já não podem ser considerados úteis ou valiosos, não obstante o que realizaram.

Notas

1. Jeremy Rifkin, *O fim dos empregos: O declínio inevitável dos níveis dos empregos e a redução da força global de trabalho* (São Paulo: Makros Books, 1996); Jeremy Rifkin, *The Return of a Conundrum, The Guardian*, 2 de março de 2004.

2. Daniel Bell, *The Coming of Post-Industrial Society: a Venture in Social Forecasting* (Nova York: Basic Books, 1973); Alain Touraine, *The Post-Industrial Society. Tomorrow's Social History: Classes, Conflicts, and Culture in the Programmed Society* (Nova York: Random House, 1971).

3. Bonnie Dill, *Across the Boundaries of Race and Class: an Exploration of the Relationship Between Work and Family Among Black Female Domestic Servants* (tese de doutorado, Universidade de Nova York, 1979).

4. Richard Sennett, *A corrosão do caráter*.

5. Pierre Bourdieu, *Distinction* (Cambridge: Harvard University Press, 1984).

6. Abraham Maslow, *Motivation and Personality* (Nova York: Harper and Row, 1987).

7. Martha Nussbaum e Amartya Sen, *The Quality of Life* (Oxford: Oxford University Press, 1993).

8. Richard Lewontin, *The Genetic Basis of Evolutionary Change* (Nova York: Columbia University Press, 1973).

9. Nicholas Lemann, *The Big Test: The Secret History of the American Meritocracy* (Nova York: Farrar, Strauss and Giroux, 1999).

A *cultura do novo capitalismo* • 121

10. Thomas Jefferson a John Adams, reproduzido em Lester Cappon (org.), *The Adams-Jefferson Letters* (Chapel Hill, University of North Carolina Press, 1988).
11. Murray Brumberg e Julius Liebb, *Hot Words for the SAT* (Nova York: Barron's Press, 1989), p. 75.
12. Zigmunt Bauman, *Modernidade líquida*.
13. Cf., por exemplo, Michel Foucault, *Vigiar e punir* (São Paulo: Vozes, 2001).
14. Michael Young, *The Rise of the Meritocracy* (New Brunswick: Transaction Publishers, 1993).

CAPÍTULO TRÊS

A política do consumo

Estaria a nova economia gerando uma nova política? No passado, era a desigualdade que dotava a política de energia econômica; hoje, a desigualdade está sendo reconfigurada tanto em termos de riqueza bruta quanto na experiência de trabalho. O surgimento de uma grande riqueza no alto da ordem social é evidente; de mais relevância em termos gerais pode ser a divisão de classe entre os que se beneficiam com a nova economia e aqueles que, em posição intermediária, não são capazes de fazê-lo: o analista do trabalho Robert Reich, por exemplo, fala de uma sociedade de "duas camadas" na qual a "elite da capacitação", os "senhores da informação" e os "analistas simbólicos" distanciam-se de uma classe média estagnada.[1]

Na base, observa Alain Touraine, surge uma diferença de classe entre os trabalhadores — em sua maioria imigrantes envolvidos nos setores informais ou "cinzentos" da economia — que encontram seu lugar numa economia fluida ou fragmentada e os indivíduos da classe operária tradicional, outrora protegidos por sindicatos ou empregadores piramidais, que dispõem de menor margem de manobra. No meio, os indivíduos temem ser deslocados, marginalizados ou subutilizados. O modelo institucional do futuro não lhes fornece uma narrativa de vida em funcionamento, nem a promessa de grande segurança no setor público. Na sociedade de redes, as redes informais são tênues.

Na era do capitalismo social, as tensões no sistema econômico geravam *ressentimento*. A palavra remete a todo um conjunto de emoções, principalmente a crença de que as pessoas comuns que jogaram conforme as regras não receberam um tratamento justo. O ressentimento é uma emoção intensamente social que tende a distanciar-se de suas origens econômicas; ele gera mágoa por ter sido tratado com condescendência pela elite, raiva contra os judeus ou outros inimigos internos que aparentemente roubam recompensas sociais a que não têm direito. No passado, ao influxo do ressentimento, a religião e o patriotismo tornaram-se armas da vingança. Essa emoção não desapareceu. Nos Estados Unidos de hoje, o ressentimento pode explicar o fato de tantos trabalhadores que se posicionavam na centro-esquerda do espectro político terem se passado para a extrema direita, traduzindo as tensões materiais em símbolos culturais.

Embora seja real, o ressentimento parece-me uma forma excessivamente acanhada de equacionar economia com política, pois a insegurança material não acarreta apenas maneiras de demonizar os que representam a mudança, com todo o seu séquito de inseguranças. A economia também ensina: poderíamos mergulhar mais profundamente na experiência cotidiana das pessoas, explorando as diferentes maneiras como cada um aprende a consumir o que é novo — novos bens e serviços —,

A cultura do novo capitalismo • 125

para em seguida nos perguntarmos: será que as pessoas realmente vão fazer compras de políticos como fazem compras de roupas? Em vez de considerar o cidadão apenas como um eleitor indignado, poderíamos encará-lo como um consumidor de política, pressionado a comprar.

A questão do consumo leva-nos ao cerne da nova economia, e particularmente às lojas da gigantesca empresa Wal-Mart. Em 2004, esta rede mundial de supermercados de preços baixos empregava 1,4 milhão de pessoas; sua receita de 258 bilhões de dólares "corresponde a 2% do produto interno bruto dos EUA e a oito vezes o tamanho da Microsoft".[2] Esta empresa do novo tipo tem inovado na escolha dos fornecedores, recorrendo a um setor manufatureiro chinês em rápido crescimento, e no emprego da tecnologia avançada. O Instituto McKinsey considera a Wal-Mart o verdadeiro paradigma da empresa de ponta, derivando sua produtividade de uma "permanente inovação gerencial" que concentrou o poder no centro do gigante, desabilitou os sindicatos e trata a massa de seus empregados como se fossem trabalhadores temporários e provisórios.[3]

A atração que esse megálito exerce sobre os consumidores se explica pelo fato de encontrarem no mesmo lugar tudo que desejam comprar barato: roupas, peças de automóveis, comida, perfumes, computadores... A centralização do controle parece refletir-se na posição do consumidor percorrendo os corredores de uma loja Wal-Mart, com tudo instantaneamente à sua disposição, as roupas apenas a alguns passos dos computadores. Embora em minha experiência os empregados se tenham mostrado de grande ajuda, o vendedor, como classe, foi descartado na Wal-Mart do processo de consumo: não encontramos, aqui, qualquer sinal de mediação e persuasão face a face. Nisso a empresa se assemelha a outras burocracias de ponta que descartaram as camadas intermediárias e interpretativas de suas equipes. A decisão sobre o produto de preço baixo que será comprado é da esfera do imaginário e do *marketing* globais.

Por absurdo que pareça, poderíamos resumir a questão do equacionamento entre economia e política da seguinte maneira: Será que as pessoas fazem compras de políticos da mesma maneira que fazem compras na Wal-Mart? Ou seja, teria o controle centralizado das organizações políticas aumentado à custa da política partidária local de caráter mediador? O *merchandising* dos dirigentes políticos teria adquirido as características da venda de sabão, com marcas de identificação instantânea a serem escolhidas na prateleira pelo consumidor político?

Se a resposta a todas as perguntas acima for sim, o *marketing* passa a ser a essência da política, o que não parece bom para a vida política. A simples idéia da democracia exige mediação e discussão face a face; requer antes deliberação que embalagem bonita. Nessa linha de raciocínio, constataríamos com desalento que todos os truques sedutores da publicidade são hoje utilizados para comercializar as personalidades e as idéias dos políticos; observando mais de perto, vemos que, assim como a publicidade raramente torna as coisas difíceis para o consumidor, assim também o político trata de facilitar o ato de sua própria compra.

Quero aqui contestar essa resposta fácil. Não que ela esteja errada, mas o fato é que a nova economia torna mais complicados tanto o *marketing* quanto a política. A Wal-Mart certamente tem oprimido seus empregados, mas atende a uma

A *cultura do novo capitalismo* • 127

necessidade real dos consumidores.[4] Só esnobes desprezam produtos baratos; será que devemos desprezar a política "barata"? A versão política da megaloja pode reprimir a democracia local, mas, tal como a publicidade, faculta a fantasia individual; pode desgastar o conteúdo e a substância da política, mas estimula a imaginação para a mudança.

Os defensores da retidão política verão aqui apenas uma idéia frívola. Mas o fato é que os avatares do novo capitalismo têm demonstrado vigorosamente que as novas estruturas mobilizam a imaginação para a mudança. Precisamos pelo menos manter a mente aberta a respeito da maneira como os políticos passaram a ser comercializados, e também sobre as instituições que os comercializam — e devo admitir que o esforço para manter a mente aberta sobre este tema é difícil para mim, pois a perda da política mediadora local efetivamente parece-me uma ferida fatal. Se a economia continuar avançando para o modelo de ponta, contudo, e os ideais políticos continuarem voltados para o passado, nossos ideais não passarão de queixas impotentes.

A paixão autoconsumptiva

Os antigos atenienses costumavam separar o lugar onde faziam política, o Pnyx, do espaço econômico central da cidade, a Ágora. Esta separação reflete um postulado clássico do pensamento social, o de que a atividade econômica debilita a capacidade política das pessoas. A lógica é simples: para Platão, a economia opera no terreno da necessidade e da ganância, ao passo que a política deveria operar no da justiça e do direito. Mais perto dos tempos modernos, a separação entre a economia e a política assumiu contornos diferentes, como Albert Hirschman pôde documentar em *As paixões e os interesses*; nos séculos XVI e XVII, o comércio parecia uma atividade mais moderada e pacata que a política, cujas verdadeiras paixões tendiam para a violência.[5]

A crença de que a economia solapa a energia necessária para os políticos ressurgiu na era industrial, em certas versões do marxismo. Sustentava-se então que as privações físicas e a dureza do trabalho na fábrica, destruindo a alma, faziam com que os operários tivessem de concentrar-se exclusivamente na sobrevivência, não sobrando espaço mental para conceber uma forma diferente de vida coletiva. Essa tarefa teria de ser executada para eles por uma vanguarda revolucionária. O que significa que a imaginação política exige certo grau de proteção da experiência econômica. Hoje, esse clássico postulado negativo assumiu outros contornos, mais ligados à vida cotidiana que à teoria, em virtude do próprio significado da palavra *consumo*.

Na linguagem poética, uma paixão consumptiva pode ser uma paixão que se extingue na própria intensidade; em termos menos sensacionais, equivale a dizer que, utilizando coisas, nós as estamos consumindo. Nosso desejo de determinada roupa pode ser ardente, mas alguns dias depois de comprá-la e usá-la, ela já não nos entusiasma tanto. Nesse caso, a imaginação é mais forte na expectativa, tornando-se cada vez mais débil com o uso. A economia de hoje reforça essa espécie de paixão autoconsumptiva, tanto nos *shopping centers* quanto na política.

Honoré de Balzac foi o maior artista das paixões autoconsumptivas no século XIX. Seus personagens, tão ardentes no desejar aquilo que não têm, perdem o ardor uma vez que estejam de sua posse. Esses personagens são precursores da famosa lei erótica de Proust, segundo a qual, quanto mais inacessível for alguém, mais o desejamos. Em *O pai Goriot*, Balzac imagina que essa psicologia corporifica uma transição social, uma mudança dos antiquados camponeses que se apegavam a tudo que acumularam para personagens mais cosmopolitas envolvidos com desejos materiais que se extinguem uma vez consumados. O sociólogo poderia explicar essa mudança social como uma mudança nas instituições, como o recuo das terras ou casas herdadas como ponto de partida da riqueza, o aumento das rendas salariais disponíveis para serem gastas de maneira mais livre e regular ou ainda a cornucópia de coisas que se tornou possível comprar graças à produção mecânica.

A intemperança e o desperdício se combinam na paixão autoconsumptiva. Se pudéssemos espiar o armário da residência de um funcionário parisiense do antigo regime, por exemplo, encontraríamos apenas alguns poucos vestidos femininos, talvez dois conjuntos de roupas masculinas e sapatos passados de mão em mão através das gerações — tudo feito à mão. Na cozinha, haveria um único serviço de pratos, algumas panelas, colheres e conchas, mais uma vez feitas à mão. Na época de Balzac, a produção mecânica ao mesmo tempo reduzia o custo e aumentava o volume desses produtos comuns. Só pelo meado do século XIX tornou-se possível para uma família de recursos modestos contemplar a possibilidade de jogar fora os sapatos velhos em vez de consertá-los, ou possuir um guarda-roupa adaptado às mudanças de estação. A produção mecânica explica a observação de Georg Lukács de que Balzac foi um profeta da expansão capitalista do desejo, mas a cornucópia não explica por si só o subseqüente desaparecimento do prazer na posse.

No século XX, duas explicações foram adiantadas para a paixão autoconsumptiva, nenhuma delas inteiramente satisfatória. A primeira falava do "motor da moda", o que significa que a publicidade e os meios de comunicação de massa aprenderam a moldar os desejos, de tal maneira que as pessoas ficam satisfeitas com aquilo que têm; foi a visão adotada por Vance Packard em seu influente estudo do meado do século, *The Hidden Persuaders* [Os persuasores ocultos].[6] Aqui, o mal é representado pelo *marketing*. A outra explicação era a "obsolescência planejada", segundo a qual as coisas eram feitas para não durar, para que o público pudesse comprar outras coisas novas. Os fatos de que deriva essa última explicação provinham da indústria americana de automóveis e roupas, que produzia carros tão mal fabricados e roupas tão mal costuradas que podiam ir para o lixo depois de dois ou três anos de uso.[7] Nesse caso, o mal é encarnado na produção.

Embora ambas tenham seus méritos, essas teses presumem que o consumidor desempenha um papel passivo — como simples joguete da publicidade, prisioneiro do lixo comercializado. Mas o fato é que as mudanças no mundo do trabalho e a busca do talento demonstram que os indivíduos poderiam envolver-se mais ativamente na paixão autoconsumptiva.

A mudança nas burocracias do trabalho examinada no capítulo 1 evidenciou a fragilidade do controle do indivíduo sobre determinado lugar numa instituição de ponta. O trabalho

A *cultura do novo capitalismo* • 131

não é uma posse nem tem conteúdo fixo, tornando-se, pelo contrário, uma posição numa rede em constante mudança. O ponto nodal de uma rede — expressão do *gerencialês* curiosamente destituída de conteúdo — difere de um escritório no sentido adotado por Max Weber. As pessoas podem disputar furiosamente posições na corporação, mas sem deter determinada posição como um fim em si mesmo. Como tentei deixar claro no primeiro capítulo, essa experiência é maior do que simplesmente ser tão ambicioso que nunca se está satisfeito com o que se tem. As identidades de trabalho se desgastam, exauremse, quando as instituições propriamente ditas estão sempre sendo reinventadas. Grande parte dos processos corporativos de reestruturação tem exatamente o caráter de uma paixão autoconsumptiva em ação, particularmente na busca de "sinergias" prospectivas nos processos de fusão de empresas. Uma vez efetuado o casamento e podadas as equipes, a busca da sinergia murcha. Foi o que aconteceu, por exemplo, na fusão da Time-Warner com a AOL no fim da década de 1990, caso típico de um desejo que esmoreceu no momento em que se tornou possível concretizá-lo.

O contexto moderno confere ao talento contornos afins da paixão autoconsumptiva. No capítulo dois, vimos que as capacitações fixas são rapidamente postas em questão nos setores avançados da tecnologia, da medicina e das finanças. O valor atribuído à perícia, fazer alguma coisa simplesmente por fazê-lo, combina cada vez menos com instituições dominadas pelos processos e a ação em rede. Em vez disso, as organizações valorizam sobretudo capacitações humanas portáteis, a capacidade de trabalhar em vários problemas com um plantel de personagens constantemente mudando, separando a ação do contexto.

132 · *Richard Sennett*

A busca do talento, em particular, é focalizada em pessoas com talento para resolver problemas qualquer que seja o contexto, um tipo de talento que não se adapta a um enraizamento muito forte. A aptidão potencial dá ênfase à perspectiva de fazer coisas que ainda precisam ser feitas; a realização e a mestria são autoconsumptivas, desgastando-se os contextos e os conteúdos do conhecimento ao serem usados.

O consumo de bens desempenha um papel-chave na complementação e na legitimação dessas experiências. Quando as pessoas se apresentam para comprar coisas, parece *desejável* fazer o *marketing* da paixão autoconsumptiva. O que é feito de duas maneiras, uma direta, a outra sutil; a maneira direta se dá através das marcas, e a sutil, investindo-se as coisas a serem compradas de potência e potencial.

Marcas e potência

Num estudo sobre o desejo dos consumidores, Sharon Zukin definiu assim o dilema prático do ato de comprar: "O consumidor não tem, sobre a produção, o conhecimento que era dominado por gerações anteriores." Especificamente, "por volta da década de 1960, os americanos já não sabiam ordenhar uma vaca, preparar um biscoito ou fazer um carrinho com uma caixa de sabão ou as tábuas de um caixote".[8] Zukin depreendia daí que a pessoa que quer fazer compras de maneira inteligente precisa alcançar um novo entendimento das realidades físicas: "Em vez do conhecimento da produção (...) conhecimento de habilidades", o que significa para ela "uma percepção sensorial das qualidades de um produto, um conhecimento modesto de

A *cultura do novo capitalismo* • 133

diferentes técnicas de produção e a capacidade imaginativa de reconstruir a 'história pregressa' de um produto — uma narrativa social da tradição cultural de que ele provém."[9] Em outras palavras, o consumidor moderno precisa pensar como um artesão mesmo sem ser capaz de fazer o que ele faz.

Em termos ideais, é o que devia acontecer. E na prática, uma das vantagens da Wal-Mart, especialmente tratando-se de seus produtos próprios, está no caráter utilitário das lojas — aqueles infindáveis corredores de prateleiras cobertos até o teto de coisas que o consumidor precisa conhecer, em certa medida, para poder escolher. Mas existem outras maneiras de comercializar que tentam impedir os consumidores de pensar como artesãos, no que diz respeito à utilidade de um produto. Em vez disso, a ênfase nas marcas tenta fazer com que um produto básico vendido em todo o planeta fique parecendo o único, tratando para isso de obscurecer a homogeneidade. As maneiras de fazê-lo hoje em dia são mais complicadas que o conceito de "motor da moda" exposto por Packard.

Hoje, a fabricação industrial expõe em escala planetária a "construção em plataforma" dos mais variados bens, dos automóveis aos computadores e às roupas. A plataforma vem a ser um objetivo básico ao qual são aplicadas pequenas mudanças superficiais, para transformar o produto numa marca específica. O processo de produção não é exatamente o conhecido processo industrial de produção de bens em massa. As tecnologias modernas são capazes de transformar rapidamente a forma e o tamanho de garrafas e caixas; os conteúdos também podem ser maquiados com mais rapidez na produção eletrônica do que na antiquada linha de montagem, na qual as ferramentas serviam de maneira fixa a uma mesma finalidade.

Os fabricantes referem-se a essas mudanças embutidas na moderna plataforma como laminagem a ouro, e a imagem é boa. Para vender algo essencialmente padronizado, o comerciante exalta o valor de pequenas diferenciações concebidas e executadas de maneira rápida e fácil, de tal maneira que é a superfície que importa. Para o consumidor, a marca deve ter mais relevância que a coisa em si.

A fabricação de automóveis é um bom exemplo. Gigantes do setor como a Volkswagen e a Ford podem produzir e efetivamente produzem versões de um automóvel global — uma plataforma básica de estrutura, motor e peças —, para em seguida fazer a laminagem a ouro das diferenças superficiais. Não raro, neste tipo de produção, a montagem na plataforma é feita em países de mão-de-obra barata do mundo em desenvolvimento; a laminagem a ouro, em fábricas de acabamento mais próximas dos mercados locais. Os computadores são fabricados da mesma maneira: *chips*, placas de circuito e partes externas produzidos em plataforma comum longe do mercado transformam-se em marcas quando já estão mais próximos dos mercados, no tempo como no espaço.

Para o fabricante de plataforma, o problema é como tornar lucrativa a diferenciação. Os chimpanzés e os homens têm aproximadamente 96% de DNAs iguais. A Volkswagen, como corporação, precisa convencer os consumidores de que as diferenças entre um modesto Skoda e um modelo mais sofisticado como o Audi — que compartilham cerca de 90% de DNAs industriais — justificam que o preço do modelo mais caro seja mais que o dobro do preço do modelo barato. Como é possível que uma diferença de 10% no conteúdo seja transformada numa diferença de 100% no preço? O problema tam-

A *cultura do novo capitalismo* • 135

bém pode ser equacionado em termos de serviços: a velocidade de um avião poderia ser considerada sua plataforma de serviço. Em média, uma passagem em classe executiva num vôo transatlântico custa de quatro a cinco vezes mais que a passagem em classe econômica, mas o executivo nem por isso recebe quatro ou cinco vezes mais em matéria de espaço ou serviços — e a velocidade é a mesma em todas as cabines. Também nesse caso, nem os Skodas nem os Audis tendem a uma rápida obsolescência; suas plataformas são de excelente qualidade. Esta admirável realidade da manufatura representa uma ameaça econômica. Se a empresa resolvesse dar ênfase às virtudes da utilidade e da posse, venderia menos automóveis, e os consumidores descritos por Zukin tenderiam a se orientar para o Skoda.

Assim é que as diferenças de imagem adquirem fundamental importância na obtenção de lucros. Quando as diferenças podem ser de certa forma infladas, o comprador potencial estará vivenciando a paixão do consumo.

Na publicidade britânica, o Skoda é apresentado como uma coisa em si mesma, mostrando-se o automóvel em detalhes, interna e externamente, não raro com abundância de material impresso para completar a apresentação. Já o sofisticado Audi tende a apresentar um panorama visto do assento do motorista, olhando para fora. Os anúncios têm pouco texto, e o panorama descortinado muda de peça para peça, conforme seja o modelo mais sofisticado um conversível ou um sedã capaz de percorrer sem problemas o deserto do Saara ou um *shopping*. A diferença visual tem o objetivo de impedir qualquer associação entre o Skoda e o Audi na mente do comprador.

Ao minimizar a atenção voltada para o que o objeto efetivamente é, o fabricante espera vender suas associações; ao alterar constantemente o panorama descortinado da janela do automóvel, ele quer enfatizar a "experiência de condução", um processo que está permanentemente mudando, parecendo com isto oferecer, em diferentes marcas e modelos, uma visão diferente de quem está à janela do carro. Naturalmente, em termos funcionais, é como se estivéssemos dizendo que os passageiros da classe executiva voam mais rápido sobre o Atlântico que os que estão lá atrás no avião. O desafio de toda aposta comercial nas marcas é criar variações sobre esse tema ilusório.

A laminagem a ouro transformou as condições da obsolescência planejada, tal como estabelecidas há meio século. Quando W. Edwards Deming propôs suas idéias sobre gerenciamento de qualidade total, tinha diante de si uma realidade produtiva em que os produtos defeituosos eram considerados normais pelos consumidores — mais ou menos como a situação que vivemos hoje, em que os consumidores aceitam como normal a baixa qualidade inicial dos novos programas de computação produzidos por uma certa empresa em Seattle. Os fabricantes japoneses de automóveis e produtos eletrônicos que se identificavam com as idéias de Deming procuravam gerar produtos que não se tornassem deliberadamente obsoletos, com isso criando um novo nicho de mercado. Empresas como a Toyota e a Sony tiveram extraordinário êxito nesse sentido. Suas máquinas eram "adequadas ao uso", na formulação de Deming, o que significa ao mesmo tempo que a máquina é capaz de fazer precisamente o que deve fazer, e o faz de maneira eficiente, exatamente como se diz de um atleta que está apto. Desde então, a produção automatizada e a fiscalização eletrônica de qualidade dos produtos acabaram fazendo com que o gerenciamento de qualidade total se tornasse a situação normal em nossos dias.

Naturalmente, o problema é que, uma vez estabelecido esse alto padrão, a demanda de um produto começa a diminuir. Em certo sentido, esse desafio não é novo. Na década de 1920, quando Henry Ford declarou que o consumidor poderia comprar qualquer automóvel Modelo T que quisesse, desde que fosse preto, seu filho, Edsel Ford, respondeu que as cores dão lucro. O que mudou hoje em dia é a participação do consumidor no processo de amplificação das diferenças. Passamos, aqui, da esfera daquilo que o *marketing* pretende para a dos motivos da reação dos consumidores.

O consumidor busca o estímulo da diferença em produtos cada vez mais homogeneizados. Ele se parece com um turista que viaja de uma cidade clonada para outra, visitando as mesmas lojas, comprando em cada uma delas os mesmos produtos. Mas o fato é que viajou: para o consumidor, o estímulo está no próprio processo do movimento. Para o sociólogo Guy Debord, é isto que o consumidor faz *com* as coisas: como o ato de viajar, o de mudar os próprios desejos torna-se uma espécie de espetáculo; não tem importância que as coisas compradas sejam sempre as mesmas, desde que possamos sentir nossos desejos em movimento.[10] Em seus derradeiros estudos sobre a publicidade, o sociólogo Erving Goffman expôs um ponto de vista bastante diferente sobre o envolvimento do consumidor. Ele enfatizava que as formas mais sofisticadas de publicidade são "quadros semi-acabados" que convidam o consumidor a participar, completando a imagem.[11] É o que fazem os anúncios irônicos; por exemplo, vender um carro mostrando o deserto do Saara e nenhum carro. Ainda assim, o resultado é o mesmo para Debord e Goffman. O que mobiliza o consumidor é sua

138 · *Richard Sennett*

própria mobilidade e imaginação: o movimento e a incompletude energizam a imaginação; da mesma forma, a fixidez e a solidez a embotam. O consumidor participa do ato de exaltação das marcas, e nele o que importa é antes a laminação a ouro que a plataforma. Como espírito preferencialmente voltado para o Skoda, eu tinha dificuldade para levar a sério esses horizontes, até que participei de uma série de conferências sobre comercialização de vodca numa agência de publicidade de Nova York. O fato essencial em matéria de vodca é que não tem gosto e praticamente nenhum cheiro. Durante várias semanas, pude ver como a "equipe de criação" da agência dava tratos à bola sobre as possíveis maneiras de vender uma nova marca desse álcool anônimo; a solução que acabaram apresentando consistia em imagens de diafragmas de homens e mulheres *sexy* associados ao nome do produto, sem qualquer indicação sobre o tipo de produto de que se tratava. Esperava-se que o consumidor fizesse todo o trabalho mental de associação. A idéia genial da campanha, naturalmente, estava em que as imagens de diafragmas nus mudariam de mês em mês, gerando algo a que alguém se referiu como "efeitos associativos compostos". (Cabe notar que eram poucos os integrantes da equipe de criação que efetivamente ingeriam bebidas alcoólicas.)

Embora a publicidade que convida à participação imaginativa não seja propriamente exclusividade da era moderna, não deixa de ter hoje um peso específico. Por exemplo, a afirmação de Marx de que "tudo que é sólido se desmancha no ar" vinha equilibrada, nas primeiras páginas do *Capital*, por uma análise muito diferente do fetichismo da mercadoria. Para Marx, as coisas mundanas eram magicamente impregnadas de significados

A *cultura do novo capitalismo* • 139

humanos acumulados numa espécie de museu pessoal, no qual o consumidor estava constantemente enriquecendo sua coleção; o consumidor juntava seus tesouros, seu objetivo era a acumulação. A última coisa que o consumidor queria era abrir mão desses fetiches nos quais investira tanto de si mesmo. Hoje, no tipo de consumo descrito por Debord e Goffman, a renúncia a um objeto não é vivenciada como perda. Pelo contrário, abrir mão é algo que se coaduna com o processo de busca de novos estímulos, tornando-se particularmente fácil renunciar aos objetos, pois se trata basicamente de produtos padronizados.

Assim é que se manifesta a paixão autoconsumptiva. Deveríamos torcer o nariz a este convite para fantasiar? É o que faria o indivíduo estritamente utilitário, preferindo viver num mundo funcional de Skodas. O verdadeiro cultor do artesanato não se importaria, desde que os produtos fossem de boa qualidade. Mas libertar-se da possessividade também é uma forma de liberdade. Olhando para a frente, não seria melhor que os cidadãos pudessem votar pelo que poderia ser, votar numa imaginação compartilhada, em vez de votar para defender seus interesses particulares, para proteger o que já possuem?

• • •

Um segundo indício da paixão consumptiva está na potência. A potência é algo que podemos comprar — e aqui estou pensando mais em máquinas que em pílulas sexuais. Já é de senso comum na indústria eletrônica que os consumidores comuns compram equipamentos com possibilidades que jamais utilizarão: discos de memória capazes de guardar quatrocentos livros, embora a maioria das pessoas chegue a arquivar na melhor das hipóteses algumas centenas de páginas de cartas, ou programas de informática que nunca são acessados no computador. O comportamento desses consumidores é semelhante ao dos proprietários de carros esporte supervelozes que praticamente só transitam no tráfego arrastado das cidades, ou dos donos das infames máquinas SUV [veículos utilitários] destinadas à navegação no deserto, mas na prática usadas sobretudo para levar os filhos para a escola e para casa. Todos esses são consumidores de potência.

Desde as origens dos mercados de capital, os investidores têm sido movidos por uma crença irracional no poder dos objetos, como no caso da "mania de tulipas" dos investidores ingleses do século XVII, quando o comércio desses bulbos prosaicos e inúteis parecia uma promessa de enriquecimento para os banqueiros britânicos — numa espécie de momento precursor do desatino dos investimentos pontocom da década de 1990. Nesse tipo de consumo, o atrativo é que o capital pode aumentar quando o investidor explora possibilidades ignoradas pelos outros, ou por puro efeito mágico. A compra de uma máquina potente tem ainda um outro atrativo, corporificado num belo e pequeno objeto que se encontra atualmente no mercado.

Trata-se do iPod, capaz de arquivar e reproduzir 10.000 canções de três minutos. Mas como é que alguém poderia escolher 10.000 canções ou encontrar tempo para baixá-las? Quais os critérios a seguir para formatar as 500 horas de música que cabem na caixinha branca? Seria alguém capaz de se lembrar das 10.000 canções, para escolher qual delas ouvir em dado momento? (Esta verdadeira proeza em matéria de memória humana

A *cultura do novo capitalismo* • 141

possibilitaria, na música clássica, saber de cor todas as composições de Johann Sebastian Bach.)

No Renascimento, os eruditos aprendiam a memorizar uma enorme quantidade de material factual, imaginando-se no interior de um teatro: agrupavam os fatos em categorias configuradas em personagens cênicos como Apolo, representando a astronomia, e Netuno, representando a navegação; o espectador mental inventava então uma história envolvendo Apolo e Netuno, para relacionar os diferentes fatos contidos nas duas esferas da realidade.[12]

Esse tipo de teatro da memória não está contido nos procedimentos de acesso aleatório de um iPod, o que é reconhecido sem rodeios no folheto que o acompanha. A máquina é de "conteúdo neutro"; o folheto sugere que se visitem diferentes *sites* da Internet com protocolos para telecarregar material, mas essas visitas servem apenas para confirmar a neutralidade. Um desses *sites*, por exemplo, oferece três mil maravilhas dos anos dourados, seguindo-se uma lista alfabética de todos os títulos. Mais uma vez, no entanto, temos aqui a dificuldade de ouvir nove mil minutos na mente. Não surpreende, assim, que Michael Bull, autor de um estudo sobre a utilização do *walkman*, precursor primitivo do iPod, tenha constatado que os usuários ficam ouvindo repetidamente as mesmas vinte ou trinta canções — o que vem a ser o total da memória musical ativa da maioria das pessoas.[13]

E, no entanto, o fenomenal atrativo comercial do iPod consiste precisamente em dispor de mais do que uma pessoa jamais seria capaz de usar. O apelo está, em parte, na ligação entre a potência material e a aptidão potencial da própria pessoa. O caçador de talentos, como vimos, está menos interessado naquilo que já sabemos, e mais no quanto seríamos capazes de aprender; o diretor de pessoal está menos interessado no que já fazemos do que naquilo em que podemos nos transformar. Da mesma forma, comprar um pouquinho de iPod é algo que promete expandir nossas capacidades; todas as máquinas dessa espécie jogam com a identificação do comprador com o excesso de capacidade nelas contido. A máquina torna-se uma espécie de prótese médica gigantesca. Se o iPod é potente, mas o usuário não é capaz de dominar essa potência, as máquinas passam a ter um enorme apelo precisamente por esse motivo. Como disse, sem enrubescer, o vendedor que conseguiu *empurrar* o meu iPod: "O céu é o limite." Eu comprei.

Colocando em termos abstratos: o desejo é mobilizado quando a potência é divorciada da prática; em termos bem simples: não limitamos o que queremos àquilo que podemos fazer. De certa maneira, a Wal-Mart simboliza esse divórcio, como vasta coleção, debaixo do mesmo teto, de mais do que qualquer pessoa seria capaz de comprar; a simples massa de objetos estimula o desejo. Existe um contraste, nesse sentido, entre a Wal-Mart e as primeiras lojas de departamentos que surgiram em Paris no fim do século XIX. Nesses empórios comerciais, o *marketing* consistia em exibir um grupo de objetos diferentes, dois de cada, no mesmo espaço; por exemplo, podia-se ver uma caçarola sobre um tapete persa, perto de um frasco de perfume fino. O comerciante pretendia estimular o comprador, tornando estranho o que é comum, ao passo que na Wal-Mart o que estimula é pura e simplesmente o número e o excesso de objetos.

• • •

A *cultura do novo capitalismo* • 143

Em suma, a paixão consumptiva assume duas formas: envolvimento em imagística e incitação pela potência. O consumidor que entra no jogo de *marketing* da imaginação pode perder o senso das proporções, tomando a laminagem a ouro como o real valor do objeto, e não sua plataforma. Assim é que a celebração da potência oferece certos riscos — para as empresas e para os indivíduos. Na era dos trustes e monopólios americanos, magnatas como Carnegie e Rockefeller tentavam garantir-se contra o tumultuado dinamismo dos mercados porque precisavam da submissão dos pequenos fornecedores e distribuidores mais do que dos concorrentes entregues à fantasia empresarial de que também poderiam tornar-se Rockefellers. Intenções semelhantes estavam contidas na determinação de Bismarck de criar burocracias sólidas: se os operários e os soldados também se sentissem prenhes de todos os tipos de possibilidades indefinidas e inexploradas, talvez não fossem mais obedientes.

Hoje, nas organizações de ponta, a ideologia da potência pode sugerir à gerência possibilidades futuras maiores que as que se encontram atualmente no horizonte da instituição; na perseguição dessa meta, a gerência pode tornar-se mais centralizadora e reguladora, enquanto os empregados por sua vez perdem terreno, ou, como aconteceu na BBC, já não se sentem seguros sobre as possíveis maneiras de sobreviver. O *ethos* da potência pode tornar vulneráveis as próprias empresas, como nos momentos em que os investidores identificam nelas alguma possibilidade indefinível de crescimento. A história das fusões e aquisições está coalhada de empresas como a Sunbeam Corporation, que se saía muito bem fabricando prosaicos utensílios domésticos, até que um pequeno grupo de ricos investidores decidiu que podia ser transformada numa empresa muito mais importante; esse canto da sereia quase levou a firma à falência. A empresa pode, portanto, comportar-se como um consumidor entregue à paixão consumptiva, descartando coisas que funcionam bem. Ainda assim, as máquinas a que me referi — iPods, SUVs, computadores carregados de uma cornucópia de programas — efetivamente exercem uma atração positiva sobre a imaginação. O mesmo acontece com uma megaloja como a Wal-Mart. O terreno do puritano é a suspeita; nós, ao contrário, queremos o prazer. O que aqui descrevi foram prazeres que os consumidores *produzem* com as coisas, um tipo de prazer imposto de que qualquer sóbrio utilitarista desconfiaria, e deveria mesmo desconfiar. Em outra sintonia, no entanto, a afirmação de que "o céu é o limite" poderia ser defendida em termos políticos: as pessoas poderiam libertar-se sonhando com algo além dos limites e das rotinas da vida cotidiana. Da mesma forma, poderiam libertar-se se sentissem ter esgotado e exaurido essas maneiras perfeitamente viáveis de levar a vida. Pois não é um fato que as pessoas se libertam quando conseguem transcender espiritualmente aquilo que diretamente sabem, usam ou precisam? A paixão consumptiva pode ser um outro nome da liberdade.

Pelo menos é esta a proposta que agora pretendo explorar.

O cidadão como consumidor

Comecei a estabelecer esta correlação, de maneira ainda algo tortuosa, ao visitar duas instituições de pesquisa de ponta, o Xerox Park no Vale do Silício e o Media Lab no Instituto de

Tecnologia de Massachusetts. Ambos partem do princípio de que o utilitarismo puritano gangrena o espírito de inovação, ambos preferem jogar com vagas possibilidades científicas a aderir a modelos mecanicistas de pesquisa, e ambos chegaram a resultados práticos extraordinariamente importantes por sorte, inadvertidamente. O Xerox Park praticamente tropeçou no ícone de tela de computador e o Media Lab, numa série de programas de informática. Embora eu pouco entenda de suas atividades científicas, ambas as instituições me parecem de certa maneira democráticas.

Essa impressão é reforçada pelos horizontes descortinados por Hannah Arendt em seus escritos sobre o processo democrático.[14] Para ela, o "estudioso fanático de políticas", o tecnocrata do poder, é o inimigo do cidadão. Num foro autenticamente democrático, todo cidadão deveria ter o direito de pensar em voz alta e debater com os demais, não importando sua condição de especialista ou não. Tampouco deveríamos estar entregues ao império do teste de utilidade e praticabilidade, que enfatiza mais o que é do que o que deveria ser. Arendt quer conferir plena liberdade à imaginação política, mais ou menos no espírito de experimentação do Media Lab.

Mais ainda, Arendt expõe uma versão própria da paixão consumptiva: os cidadãos criam leis, convivem com elas, desgastam-nas e tratam de gerar algo novo, ainda que a antiga lei continue a revelar-se mecanicamente viável. Nesse ponto, as idéias de Arendt são das mais precisas: ela questiona a insistência dos juristas no critério de precedência, contesta o caráter embotador da jurisprudência e expõe uma concepção do direito consuetudinário que abre mais espaço para a inovação. A dramatização

146 · *Richard Sennett*

do potencial manifesta-se nos últimos escritos de Arendt sobre a vontade coletiva; como Arthur Schopenhauer, ela chegou à conclusão de que a força de vontade se abebera em fontes que estão além das representações e transcrições dos elementos da vida cotidiana.[15]

Essa visão das coisas remonta ao ideal democrático de Jefferson, segundo o qual os cidadãos rebelam-se de duas em duas gerações contra o peso amortecedor do passado, e ao mesmo tempo descortina visões como a do filósofo social Ulrich Beck, em cuja "sociedade do risco" os indivíduos dispõem-se a assumir riscos sem poder prever os resultados.[16]

Na prática, naturalmente, uma personalidade política que se distancie dos fatos concretos pode ser simplesmente um oportunista. Mas o cínico muitas vezes é deixado para trás pela realidade política. Foi o que aconteceu no movimento dos direitos civis dos negros nos Estados Unidos, potencializado num decisivo momento de protesto pelo famoso discurso de Martin Luther King, "Eu tenho um sonho", pronunciado no auge da busca de justiça. Alvo da zombaria dos realistas na imprensa e no governo, ele conseguiu mobilizar as massas para a ação. A linguagem que utilizou recorria à retórica da potencialidade pessoal e do abandono de antigos hábitos de separação social incorporados à rotina. King era o prefeito arendtiano. Para ele, a busca da justiça era mais que um conjunto de políticas a serem adotadas; exigia que se virasse uma nova página.

Talvez coubesse esperar que uma cultura como a nossa, tão pouco nostálgica de posses, tão voltada para a mudança, fortalecesse a perspectiva progressista. Na melhor das hipóteses, o tempo da possessão haveria de encurtar, tal como no processo do trabalho. O público político se expandiria para dimensões

A cultura do novo capitalismo • 147

globais, como no processo dos investimentos. De fato, houve na última década momentos em que, entrevistando gerentes de empresas de ponta, quase cheguei a me convencer de que as novas condições econômicas poderiam produzir uma política progressista. São jovens líderes empresariais que fizeram fortuna com a tecnologia e hoje semeiam dinheiro de volta na sociedade civil, especialmente em causas ambientais e esquemas de recapacitação no trabalho. Eles consideram que o novo ideal de individualidade nos negócios constitui um modelo para o cidadão efetivamente dotado de poderes, o que não acontecia com o cidadão imaginado no capitalismo social: temos agora alguém antes pró-ativo que submisso.

Mas acabei chegando à conclusão de que esse sonho não tem fundamento. Para explicar por que as novas instituições não gerarão uma política progressista, quero focalizar algo que é compartilhado pelo consumo e pela política: o teatro.

O reino do consumo é teatral porque o vendedor, como um dramaturgo, precisa contar com a crença no faz-de-conta para que o consumidor compre. Até a prosaica Wal-Mart vem a ser esse teatro, um teatro em que a simples massa de produtos em oferta altera a compreensão do espectador-consumidor sobre as coisas em si mesmas. Hoje, a paixão consumptiva tem uma força dramática: para o espectador-consumidor, o uso possessivo é menos estimulante que o desejo de coisas que ainda não tem; a dramatização do potencial leva o espectador-consumidor a desejar coisas que não pode utilizar plenamente.

A política não é menos teatral, e a política progressista, em particular, exige uma certa retórica. Mobiliza nos cidadãos uma voluntária crença no faz-de-conta de sua própria experiência acumulada. Tenho tentado dar ênfase ao aspecto positivo disto. Entretanto, como acontece na comercialização de bens de consumo, a comercialização da política pode adquirir contornos muito mais negativos. O que falta na expectativa da mudança progressista é a compreensão do papel profundamente *apassivador* desempenhado pela ilusão na sociedade moderna. Quero aqui propor um paradoxo: o de que os indivíduos podem entrar em sua própria passividade.

Vou abordar cinco maneiras pelas quais o consumidor-espectador-cidadão é afastado da política progressista, em direção a esse estado mais passivo. A lista não chega a ser exaustiva, mas cada elemento deriva diretamente da cultura do novo capitalismo retratada nessas páginas. Para orientação do leitor, eis aqui a lista: o consumidor-espectador-cidadão é (1) convidado a aprovar plataformas políticas que mais parecem plataformas de produtos e (2) diferenças laminadas a ouro; (3) convidado a esquecer a "retorcida madeira humana" (como se referia a nós Immanuel Kant) e (4) dar crédito a políticas de mais fácil utilização; (5) aceitar constantemente novos produtos políticos em oferta.

A plataforma política: a plataforma Volkswagen é um chassi comum no qual pequenas diferenças materiais são infladas em seu valor para se transformarem em marcas. A política moderna tem uma forma semelhante, a que costumamos dar o nome de política consensual. Na Grã-Bretanha de hoje, por exemplo, o Novo Trabalhismo e o moderno conservadorismo compartilham uma plataforma perfeitamente padronizada: favorável aos negócios, socialmente inclusiva e ambivalente em relação aos imigrantes. Nos Estados Unidos, as políticas de plataforma funcionaram dessa maneira na maior parte da segun-

A *cultura do novo capitalismo* • 149

da metade do século XX, até a época do segundo presidente George Bush. Os partidos Republicano e Democrata pareciam muito diferentes, mas no poder comportavam-se de maneira muito semelhante; suposto representante da direita radical, o presidente Ronald Reagan ampliou a burocracia do governo central, sustentou déficits de proporções keynesianas e teve êxito na promoção da *détente* com o império soviético, ao passo que o presidente Bill Clinton fomentou os negócios, resistiu ao aumento do salário mínimo e entregou-se vigorosamente a guerras em pequena escala. Durante muitas décadas, os únicos praticantes das visões arendtianas foram os tribunais, em suas sentenças sobre segregação racial, aborto, criminalidade, habitação e transparência corporativa; ainda hoje, sua ação transformadora continua sendo alvo do segundo regime Bush.[17]

O que o modelo simplificado da política de consenso não explica são as forças que movem a política na direção de um terreno comum. Hoje, os Estados Unidos e a Grã-Bretanha são considerados regimes neoliberais por cientistas políticos europeus, pois em ambos os países uma plataforma política de centro facultou um desenvolvimento econômico favorável à globalização, à flexibilidade e à meritocracia. Mas essas forças nem de longe são exclusividade da esfera anglo-americana. Representam uma evolução lógica em outras sociedades que se deslocam para além dos limites do capitalismo social.

O elemento comum mais importante nessa plataforma é o papel do Estado. Longe de se ver debilitado, o Estado continua desempenhando um forte papel diretivo. O centro controla a injeção de recursos nas instituições e fiscaliza o desempenho. Ele não lidera, no sentido weberiano: pelo contrário, o poder e a autoridade dividem. Como acontece no mundo dos negócios,

150 · *Richard Sennett*

também na política as burocracias centralizam cada vez mais o poder, ao mesmo tempo em que se recusam a assumir a responsabilidade por seus cidadãos. O divórcio entre o poder e a autoridade — analisado no primeiro capítulo como um fenômeno de negócios — pode ser tudo, menos politicamente progressista. Com a palavra *progressista* quero dizer que uma boa forma de organização política é aquela em que todos os cidadãos acreditam que estão unidos num projeto comum. O capitalismo social criou esse projeto comum através de instituições cívicas baseadas num modelo militar; o vício do capitalismo social estava na jaula de ferro. A nova ordem institucional se exime de responsabilidade, tentando apresentar sua própria indiferença como liberdade para os indivíduos ou grupos da periferia; o vício da política derivada do novo capitalismo é a indiferença.

Laminação a ouro: a partir do momento em que o Estado assume esta nova plataforma, a retórica dos partidos políticos concorrentes necessariamente deve dar ênfase às diferenças. De fato, considerando exclusivamente a plataforma como realidade, acabaríamos perdendo a experiência vivenciada da vida política, na qual fica evidente que as divergências são o que efetivamente estimula os eleitores e os meios de comunicação. A laminação a ouro explica como ocorre esse estímulo. A forma mais simples de laminação a ouro no terreno político é a inflação simbólica. Na Grã-Bretanha, os partidos políticos divergem radicalmente sobre a validade de autorizar a caça de raposas com cães; cerca de setecentas horas de debates foram dedicadas recentemente à questão no Parlamento, ao passo que a criação de uma Corte Suprema no Reino Unido foi debatida durante apenas dezoito horas. Não há nada de novo na inflação simbó-

A *cultura do novo capitalismo* • 151

lica de trivialidades — a novidade está na consonância entre a propaganda de produtos e o comportamento político. O *marketing* de personalidades políticas assemelha-se cada vez mais ao *marketing* de sabão, pelo mesmo motivo: em ambos os casos, é na laminação a ouro das pequenas diferenças que os anunciantes esperam capturar a atenção do público.

Estamos tão habituados à sobreposição dos comportamentos políticos e de consumo que perdemos de vista as conseqüências: a obsessão da imprensa e do público com os traços individuais de caráter dos políticos mascara a realidade da plataforma de consenso. No desempenho político moderno, o *marketing* da personalidade freqüentemente passa ainda mais ao largo da narrativa da história pessoal e profissional do político; seria tedioso demais. O político encarna intenções, desejos, valores, crenças, gostos — uma ênfase que mais uma vez tem o efeito de divorciar o poder da responsabilidade.

Talvez a forma mais grave de laminação a ouro na política moderna seja a recontextualização dos fatos. A publicidade dos automóveis mais sofisticados, como observamos anteriormente neste mesmo capítulo, no caso dos anúncios da Volkswagen, transforma em marca um produto de plataforma. Na política, os fatos da imigração podem ser recontextualizados e submetidos a uma operação de *marketing* no mesmo sentido. Como na Grã-Bretanha, também na Alemanha o grosso dos imigrantes é de trabalhadores e contribuintes, executando trabalhos de limpeza dos hospitais e varredura de ruas que são recusados pelos britânicos e alemães; para transformar sua presença em capital político, esses estranhos necessários são reembalados para caberem no mesmo nicho cultural dos demandantes improdutivos de asilo político. Nos Estados Unidos, a marketização dos imigrantes pode assumir uma outra forma. Os trabalhadores imigrados, especialmente os provenientes do México, são tacitamente aceitos porque, mais uma vez, são necessários para o funcionamento de amplos setores agrícolas e de serviços da economia americana. Transformam-se em marcas políticas ao serem reempacotados culturalmente, como faz o guru político Samuel Huntington em livro recente de grande repercussão, *Who Are We?* [Quem somos?].[18] Os mexicanos aparecem divididos em sua lealdade entre a pátria e o país de adoção, resistentes à cultura cívica da América protestante, como insidiosos colonizadores vindos de baixo. Como no caso das raposas britânicas, os americanos de origem mexicana passam a ter uma importância maior que a justificada por seu comportamento na colheita de uvas e na varredura de ruas.

Durante séculos a Europa e a América do Norte encararam o estrangeiro como uma presença forte e assustadora, e hoje, como no passado, o estrangeiro tornou-se um lugar simbólico no qual podemos projetar todos os tipos de angústias e ansiedades. A diferença está naquilo que vêm a ser essas angústias e ansiedades. Hoje, além das marcas há muito conhecidas do puro e simples preconceito e da manipulação política, a pecha de que são recobertos os imigrantes também é determinada pela vivência da burocracia instável e de curto prazo. No terreno do trabalho, o estrangeiro é objeto de ansiedades em torno da inutilidade ou da perda do emprego. Como vimos, essas ansiedades fazem sentido quando o estrangeiro está efetivamente no exterior, num centro de telemarketing ou numa empresa de informática da Índia; mas não fazem o menor sentido quando projetadas num varredor de rua imigrado. Ou, por outra, fazem sentido do ponto de vista da imaginação: o medo da perda de controle passa a ter um alvo ao seu alcance. E nesse trabalho perverso da imaginação, não se percebe que perseguir esses estranhos mais fracos que estão por perto adianta muito pouco, no sentido de tornar seguro nosso próprio emprego.

A plataforma e a transformação em marca combinam-se na política para produzir algo mais que um desejo progressista de mudança: um clima político semelhante ao que Freud denominou "narcisismo das pequenas diferenças". Como na publicidade, também na política a transformação em marca pode levar à perda do realismo das avaliações do tipo preferência pelo Skoda, abrindo uma porta particularmente moderna para o preconceito.

A terceira razão pela qual a nova ordem não é politicamente progressista está na convicção do consumidor de que, estejam como estiverem as coisas, não é o suficiente. Essa convicção manifesta-se na esfera econômica, como já vimos, quando uma empresa lucrativa é reorganizada para crescer ainda mais; simplesmente ser lucrativa não basta. Uma forma análoga de suspender a realidade presente ocorre na busca de talento, quando a atenção daquele que testa transfere-se das efetivas realizações para uma capacidade hipotética. Da mesma forma, no consumo: os monstruosos SUVs devoradores de gasolina de que estão cheios os subúrbios americanos são máquinas dedicadas a uma liberdade imaginária; mesmo preso nos engarrafamentos de trânsito, o indivíduo tem agora a possibilidade de atravessar os desertos ou o Ártico.

A impaciência com a realidade existente deveria ser progressista. Mas a lição aprendida pelos políticos com as instituições de ponta tende a ser negativa. O motivo está em que a esfera da

154 · *Richard Sennett*

experiência cotidiana vem a ser negligenciada — os pequenos e cumulativos ganhos e perdas que entretecem a experiência viva. Na década de 1990, por exemplo, um governo americano de tendência liberal tentou reformar o sistema previdenciário de saúde, seguindo o modelo de ponta que consiste em tratar os seguros de saúde como uma série de transações com médicos, em vez de relacionamentos de longo prazo. A reforma ignorava as experiências densas e cotidianas de médicos e pacientes no preenchimento dos formulários; partia do pressuposto de que eficientes buscas na Internet podiam substituir o relacionamento pessoal e prolongado que se configura no diagnóstico e no tratamento. Os promotores da reforma mostravam-se impacientes com as realidades desagradáveis da doença, tratando os doentes como se fossem empreendedores.

A impaciência com "a retorcida madeira humana", como se sabe, tem uma longa história — tão longa, com efeito, que os responsáveis pela adoção de políticas públicas já deviam ter aprendido com ela; essas políticas deveriam emanar de baixo para cima. Na realidade, é o que evita fazer o novo pensamento institucional, tanto na política quanto nos negócios. Edmund Burke, Kant e outros observadores da Revolução Francesa ficavam horrorizados com os revolucionários que fiscalizavam e atacavam as realidades da vida cotidiana, tentando endireitar o madeirame retorcido; o caráter da reforma moderna, em contrapartida, é desinteressado; ignora o que vem de baixo porque a vida cotidiana parece algo meramente provisório.

A minha quarta preocupação está em que, quando os cidadãos agem como modernos consumidores, estão deixando de pensar como artesãos. Essa preocupação complementa a desatenção dos dirigentes políticos, mas de uma maneira mais sutil;

A cultura do novo capitalismo • 155

o cidadão-como-consumidor pode distanciar-se quando as questões políticas tornam-se difíceis ou resistentes. A questão aqui é mais ampla que a habitual queixa contra os meios de comunicação, a de que o homem sério, experiente e sem graça provoca tédio, ao passo que a personalidade superficialmente brilhante conquista votos na telinha. A questão está em como é organizado o prestar atenção.

No trabalho, o bom artesão é mais do que um técnico mecanizado. Ele quer entender por que um pedaço de madeira ou um código de informática não funciona; o problema torna-se envolvente, gerando portanto um apego objetivo. Esse ideal ganha vida num metiê tradicional como a fabricação de instrumentos musicais, mas também num ambiente mais moderno como um laboratório científico. E até mesmo numa empresa bem gerida: as pessoas não vão querer fugir dos problemas, elas prestam atenção. No consumo, entretanto, é difícil pensar como um artesão, como propõe Zukin. Nós compramos um objeto quando ele é de fácil utilização, o que geralmente significa que o usuário não precisa se preocupar com o funcionamento do objeto, seja um computador ou um automóvel. O guru da informática John Seely Brown está refletindo esta demarcação entre fabricante e consumidor ao sustentar que o desafio comercial dos modernos *gadgets* eletrônicos está em "tirar a tecnologia do caminho"; as novas máquinas deveriam ser tão interessantes tecnicamente e tão fáceis de usar quanto um telefone.

Naturalmente, isso faz sentido no consumo físico; ninguém gostaria de começar o dia tendo de reprogramar o computador. Mas a facilidade para o usuário faz picadinho da democracia. Para esta, é necessário que os cidadãos estejam dispostos a se esforçar para descobrir como funciona o mundo a seu redor. A título de exemplo, poucos dos promotores da recente guerra americana contra o Iraque dispunham-se a aprender alguma coisa sobre o país (a maioria sequer seria capaz de localizá-lo num mapa). Não menos impressionante, do outro lado do espectro político, é o fato de que poucos partidários da pesquisa sobre células-tronco chegaram a manifestar curiosidade sobre os argumentos expostos pelos teólogos católicos contra esse tipo de pesquisa. Em ambos os casos, o cidadão-como-artesão se teria esforçado nesse sentido; quando a democracia passa a ser modelada pelo consumo, voltada para facilitar a vida do usuário, essa vontade desaparece.

Não estou querendo dizer que as pessoas sejam preguiçosas, mas que a economia gera um clima político no qual os cidadãos têm dificuldade para pensar como artesãos. Em instituições organizadas em função de um trabalho flexível, o envolvimento em profundidade com alguma coisa pode fazer com que o trabalhador pareça auto-referencial ou desatento. Mais uma vez, nos testes de aptidão, aquele que se mostrar por demais curioso sobre um problema específico fracassará no teste. A própria tecnologia hoje em dia milita contra o engajamento.

Como já observei, o iPod incapacita o usuário por seu próprio excesso de capacidade; de modo geral, o excesso de informação gerado pela tecnologia moderna ameaça tornar passivos seus destinatários. A esse respeito, Seely Brown estabelece outra diferença interessante, entre informação e comunicação. Segundo ele, um volume assoberbador de informação não é um problema "inocente"; quantidades muito grandes de dados brutos geram um fato político: o controle torna-se mais centrali-

A *cultura do novo capitalismo* • 157

zado à medida que o volume aumenta.[19] Ao passo que, na comunicação, o volume de informação diminui à medida que as pessoas interagem e interpretam; montagem e eliminação são os procedimentos que descentralizam a comunicação. Pode parecer paradoxal, mas faz sentido se pensarmos na comunicação em termos burocráticos. Como vimos no capítulo um, na pirâmide burocrática, a informação que parte do alto é filtrada, editada e particularizada ao descer pela cadeia de comando; as pessoas se comunicam a respeito da informação. No tipo de instituição MP3, grandes conjuntos de dados são centralizados e ordenados, circulando sem serem amalgamados. A informação mantém-se intacta na tela na forma de *e-mails* ou dados numéricos. À medida que aumenta o volume dessa informação — como aconteceu na geração passada —, o destinatário passa a reagir menos a ela, chegando com efeito a desligar-se, do ponto de vista interpretativo. Uma transação do tipo texto-mensagem, além disso, muito pouco se assemelha a uma conversa; sua linguagem é mais primitiva, sendo eliminados na tecnologia os silêncios que indicam dúvida ou objeção, os gestos irônicos, as digressões momentâneas — tudo que faz a comunicação mútua. Sempre que vem a ser institucionalizada rigorosamente, a tecnologia desabilita o artesanato da comunicação.

Um último motivo pelo qual a economia política não tende para a política progressista envolve uma questão de confiança. Não faltam comprovações empíricas do clichê de que hoje em dia as pessoas perderam a confiança na política e nos políticos. Muitos políticos, por sua vez, criticam a descrença do público em geral. Por trás desse antagonismo mútuo está a questão da *maneira* como os políticos conquistam a confiança; o que não podem, pretendo aqui sustentar, é conquistá-la comportando-se como executivos de empresas de ponta.

Para explicá-lo, solicito a indulgência do leitor por introduzir aqui minha própria experiência com o Partido Trabalhista britânico. Mudei-me para a Grã-Bretanha no momento em que os trabalhistas chegavam ao poder em 1997. Por toda uma geração, o trabalhismo vinha tentando livrar-se de seu passado socialista; o Novo Trabalhismo pretendia seguir o exemplo das empresas altamente avançadas ou tecnologizadas de prestação de serviços, aprendendo com seus êxitos. Envolvi-me nesse processo de maneira informal, pela porta das políticas de relações trabalhistas, pois acabara de cumprir um mandato como presidente do Conselho Americano do Trabalho, organização informal de dirigentes, acadêmicos e empresários ligados à área do trabalho.

Uma vez no poder, o Novo Trabalhismo começou a desenvolver políticas reformistas. As primeiras políticas referentes ao mundo do trabalho eram boas: treinamento e aconselhamento para o emprego, segurança industrial e questões de relações trabalho-família, tudo tratado da maneira mais direta. A cada ano havia novas iniciativas, ou eram adotadas políticas diferentes para modificar as anteriores, que por sua vez vinham de modificar o caos herdado pelo trabalhismo. À medida que surgiam essas políticas, desgastava-se a confiança nelas depositada pelo público. No interior do governo, a constante fabricação de novas políticas ficava parecendo uma tentativa de aprender com as iniciativas anteriormente tomadas; para o público em geral, a fábrica de políticas parecia indicar falta de compromisso do governo com determinada orientação específica. Numa reunião sobre o salário mínimo, um funcionário sindical perguntou-me, soturno: "Mas que foi que aconteceu com as políticas do ano passado?" A mesma tendência a estar constantemente vomitando novas políticas verificou-se na educação e nos serviços de saúde, com o mesmo efeito desmoralizante. Antes mesmo que o primeiro-ministro fosse de encontro à vontade do país, entrando em guerra contra o Iraque, as pesquisas demonstravam que o Partido Trabalhista enfrentava um grave problema de confiança.

Ironicamente, a única área das políticas públicas do Novo Trabalhismo que continuou merecendo a confiança do público ao longo dos oito primeiros anos no poder foi a política econômica supervisionada pelo Tesouro, que se mostrava menos fértil, porém mais constante em suas idéias. Irônico por estar a fabricação da reforma tão estreitamente vinculada ao que os ministros do governo encaravam como práticas empresariais avançadas. Como vimos no capítulo um, tais práticas geram ansiedade — um tipo de ansiedade a que a psicanalista Margaret Mahler referiu-se certa vez como "insegurança ontológica". Não se trata de mero jargão; o objetivo é descrever o medo do que pode acontecer mesmo quando não se descortina nenhum desastre no horizonte. Esse tipo de ansiedade também é chamado de flutuante, para indicar que alguém está sempre preocupado, mesmo quando não tem motivos de temor numa situação específica.

O trabalhismo incitava essa ansiedade flutuante, ainda que, de maneira geral, suas políticas efetivamente estivessem funcionando; como puderam documentar David Walker e Polly Toynbee com certo detalhe, durante seus primeiros oito anos no poder o Novo Trabalhismo melhorou constantemente o padrão de vida da maioria dos britânicos.[20] Para o público de maneira geral, no entanto, mais uma vez na avaliação das pesquisas de opinião, essas reais melhoras não eram tranqüilizadoras. Na qualidade de estrangeiro trabalhando na Grã-Bretanha, fiquei particularmente surpreso com um grupo de jovens desempregados submetidos a meticuloso programa de retreinamento. Não existe nada sequer semelhante nos Estados Unidos, e, no entanto, aqueles jovens não eram capazes de associar a atenção que recebiam ao governo que a tornava possível; a maioria se dizia desencantada com o Partido Trabalhista. Admito que a Grã-Bretanha do Novo Trabalhismo era um caso especial. A maioria dos países imploraria de joelhos esse tipo de descontentamento. Mas se cito aqui o seu caso, é apenas porque o Estado britânico constitui efetivamente um modelo progressista. E, no entanto, é cada vez menor o número de seus beneficiários que reconhecem esse progresso. Os políticos com os quais trabalhei consideravam que essas reações eram de "ingratidão"; os críticos dos meios de comunicação achavam por sua vez que eram merecidas pelas personalidades dos políticos do Novo Trabalhismo, consideradas "insensíveis". Parece mais sensato tentar entender os problemas enfrentados pelos políticos em termos de consumo. O Novo Trabalhismo tem-se comportando como os consumidores de políticas, abandonando-as como se perdessem o valor a partir do momento em que passam a existir. Essa paixão consumptiva quebra a confiança no governo: o público não pode acreditar que o dirigente público efetivamente acreditava na política que adotou para em seguida deixá-la para trás.

Nas políticas governamentais, como nos negócios, esta mentalidade consumptiva adequa-se ao contexto das novas instituições. Tanto na política quanto nos negócios, são as idéias de

A *cultura do novo capitalismo* • 161

curto prazo que prevalecem em matéria de *processo*; as formas mais lentas e constantes de crescimento ficam sob suspeita. Súbitas guinadas de políticas em instituições empresariais geram insegurança ontológica e ansiedade flutuante; o mesmo nas políticas públicas. Muito logicamente, as pessoas tendem a transferir suas desconfianças e seu mal-estar sobre as mudanças econômicas para a esfera política, depreendendo que os políticos estão desorientados ou não se comprometem devidamente. Especialmente no caso dos políticos progressistas, quando as idéias e o comportamento são equiparáveis aos dos consumidores, eles podem se destruir ou gerar a amarga insatisfação que envolve até mesmo as admiráveis políticas reformadas em andamento na Grã-Bretanha.

• • •

Temos aqui, portanto, cinco motivos pelos quais, no frigir dos ovos, o novo modelo institucional não estimula a política progressista, nem mesmo quando seus dirigentes evidenciam boas intenções. Os cientistas políticos provavelmente identificariam como fator decisivo a defasagem entre o poder e a autoridade. Para mim, parece que a cultura da vida institucional que vai surgindo desempenha um papel não menos importante. A paixão consumptiva adequa-se a esta cultura, assim como o conceito meritocrático de talento e a individualidade idealizada que se exime declaradamente de qualquer dependência de longo prazo em relação aos outros. Temos aqui formas culturais que cultivam a mudança pessoal, mas não o progresso coletivo. A cultura do novo capitalismo está sintonizada com acontecimentos singulares, transações únicas, intervenções; para progredir,

162 • *Richard Sennett*

uma comunidade organizada precisa contar com relações continuadas e experiências acumuladas. Em suma, a deriva antiprogressista da nova cultura decorre da maneira como lida com o tempo. Isso significa que nada pode ser feito?

Notas

1. Robert Reich, *The Revolt of the Anxious Class*, discurso perante o Conselho da Liderança Democrática, 22 de novembro de 1994, p. 3.
2. Simon Head, "Inside the Leviathan", *New York Review of Books*, 16 de dezembro de 2004, p. 80.
3. Cf. McKinsey Global Institute, *US Productivity Grown, 1995-2000*, seção VI, "Retail Trade"; na internet: www.mckinsey.com/knowledge/mgi/productivity.
4. Cf. Liza Featherstone, *Selling Women Short* (Nova York: Basic Books, 2004).
5. Albert O. Hirschman, *As paixões e os interesses* (Rio de Janeiro: Record, 2002).
6. Vance Packard, *The Hidden Persuaders* (Nova York: D. McKay, 1957).
7. Vance Packard, *The Waste-Makers* (Nova York: D. McKay, 1960).
8. Sharon Zukin, *Point of Purchase* (Londres: Routledge, 2004), p. 185.
9. *Ibid*.
10. Guy Debord, *A sociedade do espetáculo* (Rio de Janeiro: Contraponto, 2000).
11. Erving Goffman, *Gender Advertisement* (Nova York: Harper and Row, 1976).
12. Frances Yates, *Theater of the World* (Chicago: Chicago University Press: 1969).
13. Michael Bull, *Sounding Out the City. Personal Stereos and the Management of Everyday Life* (Oxford: Berg, 2000).
14. Cf. os trechos sobre a ágora como democracia moderna espalhados por Hannah Arendt, *A condição humana* (Rio de Janeiro: Forense Universitária, 2003).
15. Hannah Arendt, *Willing* (Nova York: Hartcourt Brace Jovanovich, 1978).
16. Ulrich Beck, *Risk Society* (Londres: Sage Publications, 1992).

17. Richard Sennett, *The Guardian*, a sair.
18. Samuel Huntington, *Who Are We? The challenges to America's National Identity* (Nova York: New York Free Press, 2004).
19. Seeley Brown, *The Social Life of Information* (Boston: Harvard Business School Press, 2000).
20. David Walker e Polly Toynbee, *Better or Worse? Has Labour Delivered?* (Londres: Bloomsbury, 2005).

CAPÍTULO QUATRO

O capitalismo social em nossa época

Havia muitas coisas absurdas na Nova Esquerda da minha juventude, há cinqüenta anos, mas sob determinado aspecto o movimento enxergava além da sua época; a Declaração de Port Huron previu que o socialismo de Estado poderia morrer de causas internas. O socialismo teria uma morte social, sufocado sob o peso da burocracia. O capitalismo teria prosseguimento, e continuaria sendo o problema.

Como tentei demonstrar nestas páginas, a burocracia tanto pode unir quanto oprimir. É algo que há muito se aplica aos exércitos; Max Weber constatou que em sua época as instituições econômicas e da sociedade civil imitavam a estrutura social dos exércitos, em busca da inclusão social e da obediência à autoridade. O segredo desse capitalismo militarizado está no tempo — um tempo estruturado de tal maneira que as pessoas formavam uma narrativa de vida e relações sociais no interior da instituição. O preço que os indivíduos pagavam pelo tempo organizado podia ser a liberdade ou a individualidade; a "jaula de ferro" era ao mesmo tempo prisão e lar.

O socialismo de Estado, tal como se desenvolveu no império soviético depois de 1923, colheu esse legado militar-capitalista quase alegremente. Considerava que o inimigo capitalista estava nos lucros e nos mercados, e não na burocracia. Tal como seu inimigo, o império precisava de solidariedade e subordinação — a burocracia tornava-se também o lar e a prisão do socialismo. Não deixava de ser irônico que a Nova Esquerda combatesse na década de 1960 o monstrengo militar-capitalista-socialista, pois estávamos então numa década de triunfo burocrático, finalmente tornando-se as fábricas do império soviético tão produtivas economicamente quanto suas congêneres no Ocidente. Retrospectivamente, os primeiros sessenta anos do século XX parecem a era da máquina militar, violentos e autodestrutivos nos campos de batalha, mas triunfantes na fábrica e no escritório. Quando o presidente americano Dwight Eisenhower referiu-se ao "complexo militar-industrial", a imagem tinha um alcance mais amplo que o da pura e simples fabricação de armas.

A Nova Esquerda acreditava que o monstrengo se desmancharia de dentro para fora porque era uma prisão. De maneira perversa, a história contemporânea começou a atender esse desejo, embora não da maneira que teriam desejado os radicais da minha juventude. Nas três últimas décadas, a burocracia reorganizou-se nos setores econômicos avançados das finanças globais, da tecnologia, das comunicações e do *merchandising*. Esse surto planetário de crescimento pode ter trazido muitos benefícios, mas entre eles não se encontra uma melhor qualidade de vida institucional. As novas instituições, como vimos, não são menores nem mais democráticas; pelo contrário, o poder centralizado foi reconfigurado, separando-se o poder da autoridade. As instituições são capazes de inspirar apenas uma lealdade débil, diminuindo a participação e a mediação de comandos, gerando níveis baixos de confiança informal e níveis altos de angústia com a inutilidade. No cerne dessa degradação social encontra-se um arco encurtado de tempo institucional; para chegar às instituições de ponta, foi necessário capitalizar as relações humanas superficiais. Esse mesmo arco de tempo encurtado desorientou os indivíduos em suas tentativas de planejar estrategicamente suas trajetórias de vida, ao mesmo tempo diminuindo a força disciplinadora da antiga ética do trabalho baseada na gratificação postergada.

Temos aqui um rol de problemas. Os elementos positivos suscitados por essas mudanças institucionais são qualidades da individualidade que poderiam permitir que os indivíduos desabrochassem, à medida que a vida institucional se vai tornando mais rasa. Essas qualidades são o repúdio da dependência, o desenvolvimento das próprias aptidões potenciais e a capacidade de transcender a possessividade. Qualidades que nos levam para fora do terreno da produção, em direção às instituições do Estado previdenciário, à educação e ao consumo. O alcance da reforma no trabalho, como venho cautelosamente insistindo, é limitado; a maioria das pessoas continua trabalhando em condições que Weber teria entendido perfeitamente. Mas a extensão dos novos valores é ampla. Os elementos positivos suscitados pela nova ordem prometem consumar o projeto da meritocracia e fornecer o modelo da reforma progressista.

O remédio proposto pela Nova Esquerda para a prisão das grandes dimensões era cultural. As declarações emocionais, feitas face a face, em pequenos grupos, suscitariam uma ordem mais humana; as lições da intimidade seriam aplicadas à sociedade como um todo. Naturalmente, essa escala é território natural para qualquer jovem, e naturalmente não pode durar; à medida que vai chegando a idade adulta, nossa subjetividade vai-se tornando ainda mais intrigante. E o que a Nova Esquerda poderia ter aprendido com Bismarck, ou com o serviço militar, é que é possível o surgimento de fortes elos sociais em condições perfeitamente impessoais.

Mas não creio que os sonhadores da minha juventude estivessem errados ao conferir à vida material um referencial cultural. Como o leitor pode ter percebido, eu era um desses jovens sonhadores. Acredita-se que o caminho normal da "educação sentimental" de um adulto leve a uma resignação cada vez maior com o pequeno grau de convergência entre a vida, tal como efetivamente é conduzida, e os nossos sonhos. Pois a etnografia sobre trabalhadores e suas formas de trabalho permitiu-me fugir desse caminho. As pessoas que tenho entrevistado, especialmente na última década, mostram-se demasiado preocupadas e inquietas, muito pouco resignadas com seu próprio destino incerto sob a égide da mudança. O que mais precisam é de uma âncora mental e emocional; precisam de valores que as ajudem a entender se as mudanças no trabalho, nos privilégios e no poder valem a pena. Precisam, em suma, de uma cultura.

Gostaria de concluir este livro examinando três valores críticos: narrativa, utilidade e perícia.

Narrativa

As instituições de ponta, atuando em contextos temporais curtos e incertos, privam os indivíduos do sentido do movimento narrativo. O que significa, muito simplesmente, que os acontecimentos projetados no tempo se conectam, que a experiência se acumula. Ao longo da última década, impressionaram-me três inovadoras tentativas de criar este senso de conexão narrativa no trabalho.

A primeira consiste nos esforços empreendidos na Grã-Bretanha e nos Estados Unidos para modelar "instituições paralelas" empenhadas em proporcionar aos trabalhadores a continuidade e a sustentabilidade de que carecem as organizações flexíveis que operam no curto prazo. Esses esforços estão voltados para a tentativa de repensar a natureza dos sindicatos. A idéia é fazer com que os sindicatos funcionem como uma espécie de agência de empregos; o sindicato compra pensões e assistência médica para seus membros; e o mais importante é que oferece o senso de comunidade que está faltando no trabalho, organizando creches, debates e eventos sociais. As secretárias de Boston e os trabalhadores do setor de comunicações da Grã-Bretanha vêm tentando criar essas instituições paralelas.

Com isso, estão desafiando os esclerosados sindicatos tradicionais, como empregadores do novo tipo. O sindicato conservador concentrava-se em determinada indústria ou especialidade, e portanto não estava muito bem equipado para manter contato com trabalhadores que precisam estar mudando de um tipo de trabalho para outro; em contraste, um sindicato mais voltado para o futuro, como o United Auto Workers americano, conta hoje com jovens conferencistas universitários em suas fileiras. Os sindicatos tradicionais concentram suas energias basicamente no salário e nas condições materiais de trabalho; o sindicato das secretárias de Boston concentra-se nas necessidades comunitárias de mulheres e pais solteiros. O histórico de serviços prestados e a antigüidade eram as pedras de toque do velho capitalismo social, e os sindicatos conservadores seguem esse padrão. O sindicato paralelo tenta transformar a experiência num fio narrativo, como por exemplo na promoção de atividades para aqueles que ainda não estão grisalhos.

A segunda maneira de tecer os fios da experiência ao longo do tempo é a partilha de empregos. Aqui, os holandeses têm sido os pioneiros. A Holanda tem sofrido tanto quanto os Estados Unidos com a terceirização e a transferência dos contratos de mão-de-obra para o mundo em desenvolvimento. A reação dos holandeses consistiu em conceber um sistema em que o trabalho disponível é dividido em metades ou terços. O sistema de rede de empregos também deixa uma boa dose de possibilidades abertas, de modo que uma pessoa pode trabalhar em mais de um emprego de tempo parcial, se as condições do mercado assim permitirem. Os holandeses, que por temperamento são os europeus mais dados à autoflagelação, já encontraram muita coisa errada na maneira como funciona a partilha de empregos, mas o princípio já está consagrado, e, quando praticado, esse esquema proporciona aos empregadores uma ferramenta muito útil numa economia volátil, e à sociedade uma ferramenta de inclusão social.

A partilha de empregos oferece um tipo especial de contexto narrativo. O indivíduo está continuamente trabalhando, a longo prazo, o que permite evitar a ansiedade dos contratos de prazo curto — uma hora estou contratado, na outra, não sirvo

A *cultura do novo capitalismo* • 171

para nada. A auto-estima por estar trabalhando é preservada, ainda que se trabalhe apenas parte da semana ou parte do dia; ainda assim, o indivíduo está permanentemente ativo. A partilha de empregos tem a vantagem adicional de permitir que as pessoas equacionem as relações família-trabalho, e especialmente os cuidados com os filhos, de maneira previsível e mais confortável.

A terceira maneira de modelar o tempo nas novas condições permite que as pessoas planejem a longo prazo. Essa política começou como uma idéia que, brilhando há uma década nas mentes de uns poucos acadêmicos radicais, começa hoje a abrir caminho no mundo real.

A versão radical, preconizada por Claus Offe e Van Pariij, consistia num esquema de "renda básica" destinado a substituir as burocracias previdenciárias do norte da Europa por um sistema mais simples que proporciona a todos, sejam ricos ou pobres, o mesmo apoio de uma renda básica para ser gasta ou malbaratada como bem quiserem os indivíduos. Todos seriam capazes de comprar educação, cuidados de saúde e pensões no mercado aberto; outros benefícios para desempregados desapareceriam, já que todos dispõem da renda anual mínima necessária para se sustentar. Os impostos são capazes de manter a todos num padrão mínimo de qualidade de vida, mas o Estado-viúva desaparece; se alguém malbarata a própria renda, o problema é dele. Além disso, todos recebem a renda básica, precisando dela ou não; o que significa que desaparece também a necessidade de testar.

À medida que esses conceitos tão tonificantes abriam caminho no mundo real, vinha à tona a promessa de proporcionar a todos os meios de planejar a longo prazo a própria vida pessoal. A proposta radical de renda básica acabou sendo modulada na noção de capital básico, ou seja, fornecer a cada jovem adulto uma soma de dinheiro para usar na educação, na compra de uma casa ou numa reserva para os tempos difíceis. A contribuição do jurista americano Bruce Ackerman foi decisiva nessa mudança; os resultados manifestaram-se em leis britânicas que permitirão atender aos jovens dessa maneira, embora a soma de dinheiro tenha sido providenciada por uma mão algo presbiteriana e frugal.

Essas três vertentes estão voltadas para uma realidade dura: a insegurança não é apenas uma conseqüência indesejada das convulsões do mercado, estando na verdade programada no novo modelo institucional. Ou seja, a insegurança não acontece *a* um novo estilo de burocracia, ela é ativada. Essa tentativa e outras semelhantes buscam contrabalançar essa programação sem restabelecer a rigidez do tratamento do tempo que prevalecia na organização capitalista social ao velho estilo.

As políticas giram em torno de um pivô cultural, que envolve a própria narrativa. Se na ficção o enredo bem urdido saiu de moda, na vida comum ele é uma raridade; as histórias de vida raramente são bem configuradas. Em etnografia, estamos efetivamente menos preocupados com a coerência das histórias que as pessoas nos contam do que com a tentativa de nossos entrevistados de fazer com que sua experiência faça sentido. E não é algo a ser resolvido de uma só vez. Muitas vezes, o entrevistado volta a relatar e reorganizar de outra maneira o mesmo acontecimento, às vezes fracionando uma história aparentemente lógica em pedaços desconexos, para tentar entender o que está sob a superfície. Em jargão técnico, trata-se de uma

A cultura do novo capitalismo • 173

"iniciativa de narração", mostrando-se o narrador ativamente mobilizado na interpretação da experiência.

Nas novas instituições, os indivíduos muitas vezes podem sucumbir ao sentimento de que não dispõem de iniciativa narrativa; ou seja, de que carecem da possibilidade de interpretar o que lhes está acontecendo. Já vimos um dos motivos concretos disso; nas novas instituições, quando são eliminadas camadas intermediárias da burocracia, a informação pode manter-se intacta à medida que passa do centro para a periferia, com relativamente pouca modulação. As pessoas submetidas a esse processo freqüentemente se queixam de que não têm voz na instituição, segundo a formulação de Albert Hirschmann.

Aqui temos três experiências que, em termos culturais, conferem às pessoas mais iniciativa na interpretação de sua experiência própria no tempo, a longo prazo. Como políticas, essas experiências são de pequena escala, mas como práticas culturais parecem abrir mais portas.

Utilidade

Sentir-se útil significa contribuir com algo de importância para os outros. À medida que o espectro da inutilidade se foi ampliando na economia política, poderia parecer que as pessoas estariam compensando através das relações mais informais da sociedade civil. Um programa de informática supostamente ultrapassado, por exemplo, poderia ser utilizado com proveito numa comunidade ou numa igreja. É uma abordagem tratada por Robert Putnam em seus escritos sobre o capital social, no qual a participação voluntária é crucial. Embora o voluntariado

174 · *Richard Sennett*

certamente seja algo elogiável, essa abordagem pode reduzir a utilidade a um *hobby*.

Valores mais conseqüentes em matéria de utilidade manifestam-se em dois terrenos: entre trabalhadores remunerados do serviço público e entre as pessoas que realizam trabalhos domésticos não-remunerados.

Alguns anos atrás, participei de um projeto de entrevistas envolvendo trabalhadores britânicos do serviço público, dos garis aos cirurgiões.[1] Por toda uma geração — exatamente como seus congêneres americanos —, eles haviam estado sob ataque, sendo suas instituições tachadas de ineficiência e eles mesmos encarados como indivíduos incapazes de abrir caminho no mundo do empreendimento privado. Muitas das pessoas com quem falamos também se mostravam autocríticas; sabiam por experiência própria que essas pirâmides burocráticas públicas são rígidas e avessas ao risco. Mas apesar das críticas, permaneciam no serviço público. Nossa pergunta era: por quê?

Coube a mim entrevistar imigrantes que fazem as camas em hospitais públicos mantidos em condições precárias; indivíduos que podiam ganhar mais dinheiro em clínicas privadas mais bem-sucedidas. O motivo para permanecerem era uma questão de *status*. O objetivo do Serviço Nacional de Saúde — atendimento de saúde para todos — merece o respeito da maioria dos britânicos; para esses imigrantes, a instituição representava a garantia de um lugar institucional positivo na sociedade britânica.

Status é talvez a palavra mais escorregadia do léxico do sociólogo. Embora seja freqüentemente usada como sinônimo de esnobismo, seu sentido mais profundo tem a ver com legitimidade. Alguém tem *status* quando as instituições conferem-lhe

A *cultura do novo capitalismo* • 175

legitimidade. Ser útil enquadra-se nesse mesmo arcabouço; mais que fazer o bem em caráter privado, é uma maneira de ser reconhecido publicamente.

Mas uma outra série de entrevistas revelou o mesmo sentimento entre graduados do exército, que preferiam permanecer em vez de trabalhar em condições mais amenas na segurança de instituições privadas. Naturalmente, existem os que fazem corpo mole, especialmente nos serviços britânicos de transportes. Mesmo nesse caso, contudo, constatamos boa dose de pressão dos colegas sobre os preguiçosos ou os que estavam apenas cumprindo tempo; esses colegas, frustrados, valorizavam muito o profissionalismo, parente próximo do *status*. Em outra etapa do meu projeto, os entrevistadores conversavam com pessoas de posição mais elevada no serviço público. Embora recebessem respostas mais elaboradas à pergunta "Por que você não sai?", no frigir dos ovos a essência era a mesma: o trabalho de cada um merecia mais reconhecimento no setor público que no privado. Embora as condições no Ministério do Interior ou na Receita pudessem levar qualquer um a beber, os objetivos dessas instituições fazem com que o trabalho tenha importância para o público, sendo portanto importante para os funcionários.

Por essas razões é que ser útil é antes uma questão de *status* público que privado. Tem a ver com o valor do Estado, ao conferir *status* àqueles que fazem algum trabalho útil. Como já vimos, as instituições dos setores de ponta tentam eximir-se das questões de autoridade e legitimidade — questões com que não sabem lidar. Por este motivo social, uma autêntica política progressista, em minha opinião, tentaria fortalecer o Estado como empregador, em vez de lotear o serviço público entre empresas privadas.

Uma vez que pensemos positivamente no Estado como fonte de atividade útil e legítima, a política progressista poderia tratar das pessoas que desempenham tarefas úteis nas famílias, as mães que cuidam dos filhos, adultos que cuidam de pais idosos. Em minha opinião, deviam ser pagos pelo governo. O ponto de vista de Putnam é que as pessoas que se apresentam como "voluntárias" para as tarefas penosas da dedicação amorosa representam o supremo teste do capital social. O equívoco nesse tipo de raciocínio está em equiparar utilidade doméstica e altruísmo. Esse tipo de atendimento pode ser amoroso, mas o trabalho em si mesmo não tem um *status* público; é uma doação invisível, e muitos dos homens e mulheres que nela se envolvem sentem-se excluídos da sociedade adulta de seus iguais. Se os governos viessem a recompensar essas tarefas de atendimento pessoal, as pessoas não estariam trabalhando num limbo.

Em termos práticos, o trabalho de atendimento pessoal de todos os tipos representa uma gigantesca fatia de tempo e esforço da economia doméstica. A economia costumava beneficiar-se com o estabelecimento de uma fronteira rigorosa entre trabalho de atendimento remunerado e não-remunerado. Hoje, o aumento da expectativa de vida na velhice e o desejo de muitas mulheres de desenvolver carreira fora de casa perturbaram esse antigo equilíbrio. Essas duas mudanças criaram novas oportunidades para que a mão-de-obra imigrada assumisse as tarefas do trabalho de atendimento pessoal. Contra essas tendências, todavia, persiste a necessidade de idosos e jovens, igualmente, de receber cuidados, tanto em termos emocionais quanto práticos, de formas que só podem ser atendidas por parentes. Uma política autenticamente progressista deveria possibilitar isto, acredito, tanto para homens quanto para mulheres.

A *cultura do novo capitalismo* • 177

Se a utilidade só fosse aceita como bem público pelos reformadores, eles acabariam se entregando à ansiedade e ao medo da inutilidade provocados pelos setores mais dinâmicos da economia moderna. Pelos motivos que expus no segundo capítulo, é improvável que o culto da meritocracia alivie essas angústias; é mais provável que a exploração de novas maneiras de fazer com que os indivíduos sejam reconhecidos como úteis tenham um efeito inclusivo. A própria utilidade é mais que uma troca utilitária. Trata-se de uma declaração simbólica que tem mais valor quando é de iniciativa da organização política e social, tal como acontece no caso dos trabalhadores mais humildes do serviço público, mas não no dos que trabalham na esfera doméstica.

Perícia

O terceiro valor capaz de ir de encontro à cultura do novo capitalismo é a perícia. Ele representa o mais radical desafio, mas é o mais difícil de imaginar em termos de políticas públicas.

Entendida de maneira genérica, a perícia significa o desejo de fazer alguma coisa bem-feita por si mesma. Todo ser humano aspira à satisfação de fazer algo bem-feito e quer acreditar naquilo que faz. Apesar disso, no trabalho, na educação e na política a nova ordem não satisfaz esse desejo, e não pode satisfazê-lo. O novo mundo do trabalho é por demais móvel para que o desejo de fazer algo bem-feito por si mesmo possa enraizar-se na experiência de uma pessoa ao longo de anos ou décadas. O sistema educacional que treina as pessoas para o trabalho móvel favorece a facilidade, às custas do aprofundamento. O reformador político, imitando a cultura de ponta de instituições privadas, comporta-se mais como um consumidor eternamente em busca do novo do que como um artesão orgulhoso e possessivo em relação ao que fez.

A perícia é que mais desafia a individualidade idealizada pressuposta pelas novas instituições do trabalho, da educação e da política. Trata-se de uma individualidade propensa à mudança, de um mestre do processo. Em sua origem, psicólogos como Abraham Maslow celebravam esse ideal da individualidade, receptivo, aberto às experiências, capaz de crescimento, uma individualidade cheia de potencialidades. Essa individualidade idealizada efetivamente tem vantagens óbvias e reais, e de certa forma o terreno do artesão é menor e mais protegido. A preocupação de fazer algo bem-feito mobiliza elementos obsessivos da individualidade; o fazer algo bem-feito pode então mobilizar uma espécie de positividade destituída de generosidade. A competição não é estranha à perícia, e o bom artesão, seja ele programador de informática, músico ou carpinteiro, pode revelar-se muito intolerante em relação a quem é incompetente ou simplesmente não é bom o suficiente.

Apesar de tudo isso, a perícia tem uma virtude cardeal que falta ao trabalhador, estudante ou cidadão idealizado da nova cultura: compromisso. Não é apenas que o artesão obcecado e competitivo pode estar comprometido em fazer alguma coisa bem-feita, e sim que acredita em seu valor objetivo. Alguém só utilizará as palavras *correto* e *bom* para elogiar a maneira como algo foi feito se acreditar num padrão objetivo exterior a seus próprios desejos, e mesmo exterior à esfera das recompensas que partam de outros. Fazer alguma coisa bem-feita, ainda que não nos traga nada em troca, é o espírito do autêntico artesanato. E só esse tipo de compromisso desinteressado — é pelo menos o que acredito — pode motivar as pessoas emocionalmente; de outra forma, elas sucumbem na luta pela sobrevivência.

Já vimos por que o compromisso está em oferta cada vez mais escassa no novo capitalismo, como lealdade institucional. O sentimento seria irracional: como poderíamos nos comprometer com uma instituição que não está comprometida conosco? O compromisso é igualmente difícil na receita da nova cultura em matéria de talento. A mobilidade mental evita envolver-se em profundidade; a aptidão é algo centrado em técnicas operacionais, como no SAT, um exercício de solução de problemas, e não de identificação de problemas. O que significa que uma pessoa se desliga de compromissos com a realidade que está além de seu controle.

O compromisso coloca uma questão mais profunda no que diz respeito à individualidade como processo. Compromisso significa fechamento, abrindo mão de possibilidades em nome do desejo de se concentrar em uma coisa só. Podemos, com isso, perder oportunidades. A cultura que vem emergindo exerce sobre os indivíduos uma enorme pressão para que não percam oportunidades. Em vez de fechamento, a cultura recomenda a entrega — cortar laços para sentir-se livre, especialmente os laços gerados pelo tempo.

Assim, o que tentei explorar nestas páginas foi um paradoxo: tentei mergulhar o mais fundo possível num modo de vida cada vez mais superficial, uma cultura emergente que repudia o esforço e o compromisso corporificados na perícia artesanal. Como as pessoas só podem sentir-se bem ancoradas na vida tentando fazer algo bem-feito só para fazê-lo, o triunfo da superficialidade no trabalho, nas escolas e na política parece-me duvidoso. E é possível que a revolta contra essa cultura debilitada seja a próxima página que vamos virar.

Nota

1. "The Common Good", *The Guardian*, 20 de março de 2001.

Índice

Acionistas: expectativa de resultados a curto ou longo prazo, 42-44, 69; poder, 41-42, 69
Ackerman, Bruce, 172
Advocacia profissional, 47
Alemanha, 25, 27, 33, 35, 41, 61, 84-85, 94, 151
Amati, Nicolò, 98
Análise de resultados, 28
Ansiedade, 51-54, 57, 66, 117-119, 159, 167
AOL, 131
Aptidão potencial, 108-120, 131-132
Aquisição alavancada, 42
Aquisições hostis, 42
Arendt, Hannah, 145-146
Artesanato, 98-100, 102, 107-108, 118, 119, 131, 154-156, 177-180
Assistência de saúde, 38, 48, 50, 91, 95, 96, 118, 153-154, 174
Auto-imagem idealizada e novo capitalismo, 13-14, 44-45, 46, 48, 117-118, 161, 167, 177-178

Automação, 16, 46, 67-68, 83-84, 87-90, 94, 95
Autonomia dos trabalhadores, 20-21, 53, 60, 150, 167
Autoridade, 57-61, 77, 150, 161

Balzac, Honoré de, 12
Bancos e serviços bancários, 41, 46, 47
Bauman, Zygmunt, 20, 113
BBC. *Ver* British Broadcasting Corporation
Beck, Ulrich, 146
Bell, Daniel, 89
Bendix, Reinhard, 59
Bildung, 30, 31, 82, 86
Birt, John, 56
Bismarck, Otto von, 28, 35, 40, 46, 48, 106, 143, 168
Bolha pontocom, 31-32, 140
Born, Georgina, 56-57, 93
Boston, 15, 99
Boston Consulting Group, 93
Bourdieu, Pierre, 107
Bretton Woods, acordos, 15, 41

182 • Richard Sennett

British Airways, 63

British Broadcasting Corporation (BBC), 56-57, 58, 93, 143

Bull, Michael, 141

Burocracia: autoridade, 59; aversão e afeição, 39-40; *Bildung*, 30; cadeia de comando, 51, 55; capitalismo social, 33-40, 46; comparação com as instituições MP3, 49-58; conhecimento institucional, 66-67; crítica da Nova Esquerda, 11-12, 15; desafios à imagem da jaula de ferro, 41-49; eficiência, 28, 37-38, 53; Estado previdenciário, 37; fluxo da informação, 156; forma piramidal, 34-35, 36-40, 47, 51, 67; fracasso e medo, 54; gratificação postergada, 36, 74, 76, 77, 166; identidade laboral dos empregados, 69-71; imagem da jaula de ferro, 36, 39, 73-74, 150; inclusão social de trabalhadores negros e imigrados, 71-72; maioria das empresas nos Estados Unidos e na Grã-Bretanha, 47; meritocracia, 102-108; militarização da sociedade civil, 27-31, 33-37; mudança do poder gerencial para o acionário, 41-42, 68-69; organização do tempo, 29-32, 36, 40; patrões paternalistas, 55; posto, 34, 35, 130; rigidez, 67; socialismo, 165, 166; tese da nova página, 23-32, 77; Weber, 27-29, 33-37, 40, 44, 47, 167

Burke, Edmund, 154

Bush, George W., 149

Caça de talentos. *Ver* Aptidão potencial

Capacidade de abrir mão e fragmentação, 14, 444-45

Capacitação em relações humanas, 52

"Capital impaciente", 43

Capital social, 62-64, 68-69, 173

Capitalismo, 23, 24, 26-31, 33-37, 165. *Ver também* Novo capitalismo; Capitalismo social

Capitalismo social, 33-40, 46, 77, 124, 150, 165-168. *Ver também* Burocracia

Carnegie, Andrew, 33, 143

Castells, Manuel, 44

"Casualização" da força de trabalho, 50

Cellini, Benvenuto, 101-102, 103, 105

Células-tronco, pesquisa, 156

Chicago, 39

China, 25, 41, 83, 86, 107

Ciborra, Claudio, 67-68

Cidades e globalização, 25, 45, 49

Classe média, 16, 25, 70-71, 73, 96-98, 123

Classe operária, 15, 69-70, 83, 99

Clausewitz, Carl von, 28

Clinton, Bill, 149

Cobb, Jonathan, 15

Competição "tudo-ou-nada", 53, 55

Comportamento de consumo: excesso e desperdício, 129; indústria automobilística, 134-137, 139; iPod, 140-142, 144, 156; marcas, 132-139, 143-144; novo capitalismo, 20-21; obsolescência programada, 130, 136; paixão au-

A cultura do novo capitalismo · 183

to-consumptiva, 127-132, 139, 143-144; política, 126-127, 144-145; potência, 139-144; publicidade, 130, 135; seu caráter dramático, 147; Wal-Mart, 125-127, 142, 143, 147

Compromisso, 39-40, 178-179

Comunidade, 11, 12

Confiança: diminuição entre os trabalhadores, 62, 64-67, 77, 166-167; formal, 64; informal, 64-65; e a política, 106-109

Conhecimento: conhecimento institucional dos empregados mais antigos, 93-94; debilitação do conhecimento institucional, 62, 67-68, 77, 93-94; Foucault, 114; e poder, 114-119

Conhecimento institucional. *Ver* Conhecimento

Consultores, 56-58, 93, 96, 99

Consumpção, 91

Controle, 52-53, 57-61, 77

Corporações: aquisições hostis, 41; *Bildung*, 30; corporação multinacional, 25; cultura das, 69; emprego vitalício, 11-12, 30; na França, 30; fusões e aquisições, 42, 131; mudança do poder gerencial para o acionário, 41-42, 68-69; potência, 143; resultados de curto ou longo prazo desejados pelos acionistas, 42-45; terceirização, 49; Weber a seu respeito, 27-29, 33-36. *Ver também* Burocracia; Novo capitalismo

Corporações multinacionais, 25

A corrosão do caráter (Sennett), 16, 38, 73

Criação de riqueza, 12-13

Crozier, Michel, 30, 32

Cultura: e artesanato, 177-180; das corporações, 69; e fragmentação, 13; e narrativa, 169-173; e a Nova Esquerda, 168; do novo capitalismo, 20; e talento, 13; e utilidade, 173-177

Declaração de Port Huron, 11, 165

Debord, Guy, 137, 139

Déficit social: baixo índice de lealdade social, 62, 63-64, 77, 167, 179; diminuição da confiança entre os trabalhadores, 62, 64-67, 77, 167; enfraquecimento do conhecimento institucional, 62, 67-69, 77, 93-94; novo capitalismo, 62-69, 77

Deming, W. Edwards, 136

Democracia, 145-146, 156

Dependência, 48, 60-64, 96, 167

Desemprego, 26, 81, 95, 97

Desigualdade, 24, 54-58, 77

Desigualdade de rendas, 24, 54-55

Desigualdade social e novo capitalismo, 54-58

Dessedimentação de instituições, 50

Dill, Bonnie, 99

Direitos civis, movimento dos, 146-147

Distinção, 107

Divisão do trabalho, 33

Duncan, Otis Dudley, 104

Durkheim, Emile, 69

E-mail, 45, 59, 157

EDF, 68

Educação, 39, 48, 83, 109-112, 116

Efeito de deriva, 67

Eisenhower, Dwight, 166

Empregados "da casa", 99-100, 132

Emprego compartilhado, 170-171

Empregos do setor público, 39-40, 72-73, 173-175

Empregos no governo, 39-40, 72-73

Empresas flexíveis. *Ver* Novo capitalismo

Empresas prestadoras de serviços, 20, 88, 118

Enfermeiras, 39-40

Enron, 44

Envelhecimento e discriminação, 25, 84, 90-96, 176

Escolas. *Ver* Educação

Estado previdenciário, 12, 16-17, 31, 37, 39-40, 48, 61, 94-98

Estresse dos trabalhadores, 51-54, 57, 66, 118-119

Ética protestante e o "espírito" do capitalismo, A (Weber), 35, 74-75

Etnografia, 19, 168, 172

Exército. *Ver* Militares

Expectativa de vida, 90-91

Fábricas. *Ver* Manufatura

Fantasma da inutilidade. *Ver* Inutilidade, fantasma da

Força de trabalho: baixo grau de lealdade institucional, 62-64, 77, 167, 179; aptidão potencial dos empregados, 114-120, 131-132; carreiras numa única instituição, 30;

"casualização", 50; diminuição da confiança entre os trabalhadores, 62, 64-67, 77, 167; empregados contratados, 50; emprego vitalício, 11-12, 30; empregos compartilhados, 170-171; empregos no governo, 39-40, 72-73; envelhecimento e discriminação, 84, 90-96; fiscalização, 52-53; identidade laboral, 69-71; imigrantes, 24, 71-72, 73, 124, 174; jornadas de trabalho longas e intensas, 64; nas burocracias do tipo cadeia de comando piramidal, 51; novo capitalismo, 20-21, 49-54, 60-67, 72-75, 130-132; novo capitalismo e estresse dos trabalhadores, 51-54, 57, 66, 118-119; a oferta global de mão-de-obra e o fantasma da inutilidade, 84-87; planejamento estratégico, 28; prestígio moral da estabilidade no emprego, 72; prestígio ocupacional, 105; terceirização, 50; trabalhadores mais jovens *versus* mais velhos, 88-92; trabalho temporário e de curta duração, 50-52, 73

Ford, Edsel, 137

Ford, Henry, 55, 137

Ford Motor Company, 134

Forma piramidal da burocracia, 34-35, 36-40, 47, 51, 67

Foucault, Michel, 52-53, 114, 116

Fracasso, tolerância do, 32

Fragmentação, 12-14, 44-45

França, 30, 87, 142, 154

Frank, Robert, 53

A cultura do novo capitalismo · 185

Freud, Sigmund, 108, 153
Fusões e aquisições, 42, 131

Gardner, Howard, 112, 116
Gates, Bill, 31
General Motors, 37
Gerstner, Louis, 44
Globalização, 15, 20, 25, 45, 49, 83-87
Goffman, Erving, 137, 138, 139
Grã-Bretanha: bancos e instituições financeiras, 41, 115, 140; desemprego, 26, 82, 159-160; desigualdade de rendas, 24; Estado previdenciário, 37, 61, 95, 159-160; imigrantes, 151, 174; indústria da aviação, 63; "mania de tulipas", 140; manufaturas, 87; mobilidade para cima, 83; negócios, 26-27, 47; política, 148, 149, 150-151, 157-160; professores, 39; publicidade, 135; sindicatos, 169-170; trabalhadores dos serviços públicos, 173-175; trabalho temporário, 50
Grande Depressão, 81
Gratificação postergada, 36, 74-75, 76, 77, 167
Guerra do Iraque, 156

Harrison, Bennett, 43
Heller, Joseph, 59
Herança, 101-102
The Hidden Injuries of Class (Sennett e Cobb), 15
Hirschmann, Albert, 92, 128, 173
Holanda, 170
Huntington, Samuel, 152

IBM, 39, 44
Idade de aposentadoria, 91
Idosos. *Ver* Envelhecimento e discriminação
Imigrantes, 24, 71-72, 73, 124, 152, 174
Império Soviético: colapso, 31, 57-58; socialismo de Estado, 166
Índia, 85, 86, 107
Individualismo, 48
Indonésia, 86
Indústria automotiva, 45, 85, 134-137, 139, 144
Indústria da aviação, 63, 135, 136
Indústria do aço, 89
Indústria petrolífera, 15, 25, 41
Inglaterra. *Ver* Grã-Bretanha
Insegurança ontológica, 159
Instituições. *Ver* Burocracia; Corporações; Novo capitalismo
Instituições financeiras, 41, 46, 47, 59
Instituições MP. *Ver* Novo capitalismo
Instituições paralelas, 169-170
Internet, 51, 76
Inutilidade, fantasma da: automação, 84, 87-90, 94; aptidão potencial dos empregados, 114-120, 131-132; dependência, 96; desafio ao Estado previdenciário, 94-98; envelhecimento e discriminação, 83, 90-96; Grande Depressão, 81; oferta global de mão-de-obra, 84-87; trabalho fabril, 82
Investidores. *Ver* Acionistas
iPod, 140-142, 144, 156
Irlanda, 84

186 · *Richard Sennett*

Japão, 41, 81, 136
Jefferson, Thomas, 109, 119, 146

Kant, Immanuel, 148, 154
Kheel, Theodore, 95
King, Martin Luther, 146

Laminagem a ouro, 134, 150-153
Laskaway, Michael, 60-61, 75
Lealdade, diminuição, 62-64, 77, 167, 179
Lewontin, Richard, 109
Liberdade. *Ver* Autonomia dos trabalhadores
Lotus Notes, 67-69
Lukács, Georg, 130

Mahler, Margaret, 159
Malthus, Thomas, 82
Manufatura, 36-37, 45-47, 65, 67, 82, 85-86, 89, 133-137
Maquiladoras, 86
marcas, 132-139, 143-144, 151-153
Marketing, 126-127, 130, 132, 147. *Ver também* Publicidade; Comportamento de consumo
Marx, Karl, 23, 26, 27, 33, 138
Maslow, Abraham, 108, 178
McKinsey Institute, 56, 125
Medo *versus* angústia, 54
Media Lab, MIT, 144-145
Mentalidade passiva frente a mudanças estruturais, 18
Meritocracia, 100-108, 114, 115, 119-120, 161, 177
México, 86, 152
Mexicanos-americanos, 152

Michelangelo, 101
Microsoft, 31
Militares: autoridade, 58-59; capital social, 63; coesão social, 34; conhecimento institucional, 66; Eisenhower sobre o complexo industrial-militar, 166; gratificação imediata, 36; meritocracia, 103; na Prússia, 27-28, 33, 103; relação entre general e soldados no campo de batalha, 55; tradução de ordens em atos, 38; treinamento, 103, 109-110; Weber sobre a militarização da sociedade, 27-31, 33-37, 165-166
Militarização da sociedade, 27-31, 33-37, 165-166
Mills, C. Wright, 30
Mobilidade para cima, 83
"Modernidade líquida", 21, 113
Mulheres, 70, 97, 99, 176

Narrativa, 169-173
Negros, 71-72, 99, 146-147
Nova Esquerda, 11-12, 15, 165-168
Nova York, 39-40, 138
Novo capitalismo: ansiedade dos trabalhadores, 51-54, 57, 66, 118-119, 166-167; autonomia dos trabalhadores, 20-21, 53, 60, 150, 167; baixo índice de lealdade institucional, 62-64, 73, 167, 179; bolha pontocom, 31-32; comparado ao aparelho de MP3, 44-49, 52; competição entre grupos no trabalho, 53; comportamento de consumo, 20; consultores, 55-58,

93, 96, 100; déficits sociais, 62-69, 73, 167; desigualdade, 55-58, 77; diminuição da confiança entre os trabalhadores, 62, 64-67, 73, 167; divórcio entre o poder e a autoridade, 57-61; empresas prestadoras de serviços, 20; enfraquecimento do conhecimento institucional, 62, 67-68, 73, 93; *ethos* da idade, 90-96; eu idealizado, 13-14, 44-45, 46, 48, 117, 161, 167, 177-178; executivos, 59; expectativa de resultados a curto ou longo prazo da parte dos acionistas, 42-45; finanças globais, 15, 20; fluxo de informação, 157; força de trabalho, 20-21, 50-55, 59-67, 72-74, 130-132; influência cultural, 20; medo da dependência, 48-49, 60, 96, 167; medo de se tornar inútil, 20; mentalidade passiva em relação a mudanças estruturais, 18; mudança do poder gerencial para o acionário, 41-42, 69; necessidade de narrativa, 169-173; ponto de vista dos etnógrafos, 19-21; potência, 143; potencialidades de capacitação dos empregados, 114-120, 131-132; pressão do tempo, 117-118, 166-167; talento, 20-21; tecnologia, 20, 45-46; vigilância dos empregados, 52-53

Newman, Kathleen, 72, 96-97

Nietzsche, Friedrich, 74

Noruega, 25, 37

Nussbaum, Martha, 109

Obsolescência planejada, 130, 136

Offe, Claus, 171

Organização Internacional do Trabalho, 24

Oriente Médio, 41

Packard, Vance, 130, 133

Paixão autoconsumptiva, 127-131, 139, 143-144, 161

Pariij, Van, 171

Partido Trabalhista britânico, 148, 157-160

Pensões, 43, 48, 50, 74, 95-96

Pepys, Samuel, 102-103

Planejamento de carreira, 75-77

Planejamento estratégico, 28, 75-77

Platão, 127

Poder: e autoridade, 57-61, 77, 149-150, 161; e conhecimento, 113-119; em Foucault, 113-114

Política: na antiga Atenas, 127-128; seu caráter teatral, 147; comportamento de consumo, 126-127, 144-145; confiança, 157-161; de consenso, 148-149; democracia, 145-146, 156; fácil para o usuário, 154-157; impaciência com o real, 153-154; indiferença, 150; laminagem a ouro, 150-153; e marcas, 151-153; marketing, 126-127; paixão auto-consumptiva, 127-132, 139, 143-144; papel debilitante da ilusão, 147-148; de plataforma 148-150; progressista, 150

Polônia, 57

Portes, Alejandro, 62

188 · *Richard Sennett*

Potência, como ferramenta de venda, 139-144
Prestação de contas, 57-58
Prestígio das ocupações, 105
Programas de informática, 31-32, 49, 100, 107
Programas de reconhecimento de voz, 88.89
Progressista, definição, 150
Proust, Marcel, 129
Prússia, 27-28, 33, 103
Publicidade, 64, 90, 130, 135, 137-139, 151. *Ver também* Comportamento de consumo; Marketing
Putnam, Robert, 62, 173, 176

Reagan, Ronald, 149
Redistribuição de riqueza, 95-96
Reengenharia das instituições, 66, 68
Reich, Robert, 123
Relações *versus* transações, 31, 55
Renascimento, 101-102, 141
"Renda básica", proposta, 171
Respeito (Sennett), 17, 39
Ressentimento, 124
Ricardo, David, 82, 83, 86
Rifkin, Jeremy, 90
Rockefeller, John D., 33, 44, 143
Roe, Mark, 68
Ruskin, John, 83
Rússia, 58. *Ver também* Império Soviético

Sachs, Jeffrey, 57
Sassen, Saskia, 45
Schopenhauer, Arthur, 146
Schumpeter, Joseph, 24, 28

Seely Brown, John, 155, 156
Seguro médico, 118
Sen, Amartya, 109
Seqüenciamento não-linear de tarefas, 49, 50
Shell, 26
Shrewsbury, conde de, 103
Siegelbaum, Claire, 70
Sindicatos, 37, 63, 95, 124, 169-170
Sklair, Leslie, 25
Smith, Adam, 33, 37, 83
"Sociedade da capacitação", 20
Sombart, Werner, 26
Soros, George, 31, 55
Sprint Corporation, 89
Status, 174-176
Subemprego, 97
Suécia, 25
Sunbeam, 44
SUVs, 140, 144, 153

Talento: ameaça de fragmentação, 13-14; artesanato, 98-100, 102, 107-108, 117-118, 121, 131, 154-156, 177-180; busca ambivalente, 106-108; aptidão potencial, 108-120, 131-132; distinção, 107; envelhecimento, 91; meritocracia, 100-108, 114, 115, 119-120, 161, 177; novo capitalismo, 20-21; "sociedade da capacitação", 20
Taylor, Frederick, 37, 38, 53, 66
SATs (Testes Escolásticos de Aptidão), 109-112
Tecnologia: instituições de menor controle central, 13; iPod, 140-142, 144, 157; novo capitalismo,

A cultura do novo capitalismo • 189

20, 45-46; tecnologia das comunicações, 25, 45, 157. *Ver também* Automação; Tecnologia de informática

Tecnologia da informação. *Ver* Tecnologia de computação

Tecnologia de informática: computadores de uso fácil, 155-156; *e-mail*, 45, 59, 157; Internet, 51, 76; laboratórios de pesquisa, 144-145; e manufatura, 45, 65; manufatura de computadores, 134; potência dos computadores, 139-140, 144; programas, 31-32, 49, 100, 107; programas de identificação de voz, 88; reengenharia de instituições, 68; vigilância panóptica, 53

Telecom, 68

Telemarketing, 84-85, 118

Tempo: ameaça de fragmentação, 13; burocracia e organização do tempo, 29-32, 36, 40; novo capitalismo e pressão do tempo, 117-119, 166-167

Terceirização, 49-50

Tese da página virada, 31-32, 73

Time Warner, 131

Touraine, Alain, 123

Toynbee, Polly, 159

Trabalhadores. *Ver* Força de trabalho

Trabalho doméstico não-remunerado, 173-174, 176

Trabalho temporário, 51-52, 54, 73-74

Transações *versus* relacionamentos, 31, 55

Transportes, 25

União Européia, 17

Unilever, 68

United Auto Workers, 169

Utilidade, 173-177

Vaucanson, Jacques de, 89

Vigilância de empregados, 52

Vigilância panóptica, 52

Volkswagen, 134, 135, 151

Wal-Mart, 125-127, 133, 142, 144, 147

Walker, David, 159

Warburg, Siegmund, 42

Weber, Max: autoridade, 58; burocracia, 27-29, 33-37, 40, 44, 47, 167; ética protestante, 35-36, 74; imagem da jaula de ferro da burocracia, 36, 74; militarização da sociedade, 27-29, 33-35, 37-38, 165-166; posto, 34, 35, 130

White, Harrison, 62

Whyte, William, 30, 32

Wiebe, Robert, 28

Wilson, William Julius, 71-72

Xerox Park, 144-145

Young, Michel, 114, 115

Zeta Corporation, 67

Zukin, Sharon, 132-133, 155

Este livro foi composto na tipologia Minion,
em corpo 11,5/16, e impresso em papel
off-white 90g/m^2 no Sistema Digital Instant Duplex
da Divisão Gráfica da Distribuidora Record.